도표로 읽는 천수경 입문

도표로 읽는

글 목경찬 그림 배종훈

천수경 입문

관음신앙의 핵심 경전 천수경의 세계,
도표로 한눈에 들어오는
천수경 입문서!

민족사

'수리수리 마하수리 수수리 사바하.'

일반인도 무슨 말인지 모르지만, 이 진언을 많이 알고 있습니다. 경전을 독송하기에 앞서 마음을 다스리고자 외우는 진언입니다. 정구업진언(淨口業眞言)이라 합니다. 입으로 짓는 업을 맑히는 진언입니다. 입으로 독송하므로 정구업진언을 외우지만, 이 진언을 통해 입으로 짓는 업〔구업(口業)〕만 아니라 몸으로 짓는 업〔신업(身業)〕, 생각으로 짓는 업〔의업(意業)〕 등 모든 업을 맑게 하고자 합니다.

'나무아미타불 관세음보살.'

일반인도 이 염불을 많이 압니다. 불교에는 수많은 부처님과 보살이 계십니다. 일반인도 다른 부처님은 몰라도 아미타부처님과 관세음보살은 압니다. 이 염불 때문이라 생각합니다. 어떤 이는 원효 스님이 이 염불을 널리 대중화시켰다고 주장합니다. 명확한 근거는 아직 없습니다. 원효 스님이 무애박을 두드리며 '나무불(南無佛)'을 외쳤다는 기록, 아미타부처님과 관련된 저서, 관세음보살을 친견하고자 했던 이야기 등을 근거로 추정할 뿐입니다.

'수리수리 마하수리 수수리 사바하'라는 진언과 '나무아미타불 관세음보살'이라는 염불을 널리 알리는 데는 『천수경』이 한 역할을 하였다고 생각합니다.

현재 우리가 독송하는 『천수경』은 『천수천안관세음보살광대원만무애대비심다라니경』등의 경전과 여러 의식집을 바탕으로 신행에 맞게끔 재구성된 경전입니다. '천수(千手)'는 '천수천안관세음보살(千手千眼觀世音菩薩)'의 약칭입니다. 천 개의 손과 천 개의 눈을 가진 관세음보살. 천 개의 눈은 중생을 살펴보는 지혜를 말하고, 천 개의 손은 중생의 고통을 해결하는 다양한 방편을 말합니다. 『천수경』은 관음신앙의 핵심 경전입니다. 관음신앙은 관세음보살의 자비심과 함께하고자 하는 불교의 대표 신앙입니다.

『천수경』을 독송할 때 '정구업진언, 수리수리 마하수리 수수리 사바하'로 시작합니다. 물론 이 구절은 모든 경전을 독송하기 전에 읊는 진언입니다. 그러나 이 진언 자체가 『천수경』에 포함된 내용이라고 생각하는 이들이 많습니다. 그만큼 이 진언은 『천수경』과 밀접합니다. 『천수경』의 주요 신앙은 관음신앙이지만, 아미타신앙도 함께합니다. 『천수경』 가운데 "나무관세음보살마하살 … 나무본사아미타불"이라는 구절이 있습니다. 무엇보다 『천수경』은 우리나라 사찰에서 많이 독송하는 경전 가운데 하나입니다. 『천수경』은 널리 알려진 경전이므로 『천수경』의 영향은 매우 큽니다.

이처럼 『천수경』이 널리 알려진 이유는 『천수경』 자체가 대중을 위해 편집된 경전이기 때문입니다. 거의 모든 사찰 의식에서 『천수경』을 독송하고, 사찰 불교대학에서는 입문 과정에서 『천수경』을 중요하게 여깁니다. 그렇다고 그 내용이 입문으로만 한정되지는 않습니다. 이후 신행 생활 가운데 계속 되새겨 봐야 할 만큼 중요합니다. 불보살님에 대한 찬탄, 죄업에 대한 참회와 다짐, 불보살님의 자비심인 대다라니와 진언, 불보살님의 발원과 불자의 발원, 불보살님의 가피에 대한 회향 등등 많은 가르침을 담고 있습니다.

우리는 텍스트[경전]를 통해 그 내용을 알기도 하지만, 먼저 알아야 텍스트[경전]를 제대로 볼 수 있기도 합니다. 신행 생활이 진행됨에 따라 경전은 볼 때마다 새롭게 다가옵니다. 『천수경』 역시 마찬가지입니다. 신행 생활의 주요한 내용을 담고 있는 『천수경』은 신행 생활이 진행됨에 따라 다양한 의미로 다가와 신행 생활의 친절한 길잡이 역할을 합니다. 이것이 신행 생활을 하는 동안 『천수경』을 반복해서 읽고 새겨야 할 이유입니다.

　지금까지 여러 인연으로 여러 권의 책을 냈습니다. 이 『도표로 읽는 천수경 입문』은 민족사 사기순 주간의 인연이 무엇보다 큽니다. 필자의 부족한 능력을 이쁘게 봐 주심에 감사드립니다. 또 하나의 인연은 배종훈 선생입니다. 도표로 이 책을 장엄하며 함께해 주신 인연을 소중하게 생각합니다. 그리고 우리나라 불교출판사의 산증인이신 민족사 윤창화 대표를 비롯한 출판사 직원에게 고마운 마음을 전합니다.

　이 책으로 인한 공덕이 조금이라도 있다면, 인연 있는 분들이 관세음보살의 자비심으로 모두 건강하기를 기원합니다.

불기2565년(2021년) 11월, 북한강을 바라보며
목경찬 합장

제1부

『천수경』 길잡이

경전 공경과 공양의 공덕

불자의 첫걸음은 불법승 삼보에 대한 귀의로 시작한다. 세상의 보배가 귀하고 귀한 것처럼 불교 집안에서 귀하고 귀한 세 가지 보물인 삼보(三寶)가 있다. 부처님(불보)과 부처님 가르침(법보)과 부처님 가르침을 실천 수행하는 승가(승보)를 말한다.

경전은 단순한 책이 아니라 법보이기에 부처님 진신사리로서 법사리라고도 한다. 부처님은 "자신을 등불로 삼고, 법을 등불로 삼아라. 자신에 의지하고, 법에 의지하라."고 유훈하셨다. 법은 진리이자 진리를 표현한 부처님 말씀이다. 깨달은 자가 부처님이고 깨달음의 내용이 진리라면, 불보가 바로 법보다. 경전이 바로 부처님 전신(全身)이다.

경전에 대한 공경과 공양은 쓰거나[서사(書寫)] 받아 지니거나[수지(受持)] 읽고 외우거나[독송(讀誦)] 풀이하는[해설(解說)] 등의 형태로 드러난다.

> "수보리야, 오는 세상에서 만약 어떤 선남자 선여인이 능히 이 경전을 받아 지니고 읽고 외우면, 여래가 부처님 지혜로써 이 사람을 다 알며 이 사람을 다 보아서 한량없고 끝없는 공덕을 성취하게 하리라."   –『금강경』

경전 한 글자 한 구절이라도 믿고 받아 지닌다면, 갠지스강의 모래알 수보다 많은 목숨으로 공양한 공덕보다 크다고 한다. 생각해보면 수긍이 가기도 한다. 서사·수지·독송 해설은 부처님 가르침이 멸하지 않도록 널리 유통한다는 의미도 있다. 경전을 널리 유통한 공덕은 매우 크다.

지금『천수경』을 공부하는 이 시간이 그렇다. 그리고 공부하는 동안 별도의 시간을 정해『천수경』독송을 겸한다면 그 공덕이 어떠하겠는가.

경전 공경과 공양의 공덕

경전은 단순한 책이 아니라 불법승 삼보 가운데 법보
→ 부처님 진신사리로서 법사리

경전에 대한 공경과 공양
→ 쓰거나[서사(書寫)], 받아 지니거나[수지(受持)], 읽고 외우거나[독송(讀誦)],
풀이하는[해설(解說)] 등의 형태로 드러남

경전 공양의 공덕
"수보리야, 오는 세상에서 만약 어떤 선남자 선여인이 능히 이 경전을 받아 지니고
읽고 외우면, 여래가 부처님 지혜로써 이 사람을 다 알며 이 사람을 다 보아서
한량없고 끝없는 공덕을 성취하게 하리라." 『금강경』

경전 성립과 『천수경』의 위치

부처님 가르침을 모은 불교성전을 대장경이라고 한다. 대장경에는 부처님 말씀뿐만 아니라 훌륭한 스님의 말씀도 함께 있다. 불교사전에는 대장경을 '경율론 삼장이나 여러 고승의 서적 등을 모아서 만든 불교성전'이라고 정의한다.

삼장(三藏)이라는 말도 낯설지 않다. 『서유기』에 등장하는 삼장법사 때문이다. 삼장은 경장(經藏)·율장(律藏)·논장(論藏)을 말한다. 부처님이 말씀하신 교리를 기록한 경전은 경장, 부처님이 말씀하신 계율을 기록한 경전은 율장, 이러한 경장과 율장에 대해 부처님 제자나 후대 스님이 풀이한 저서를 논장이라고 한다. 이러한 경율론 삼장에 능통하신 분을 삼장법사라고 한다.

대장경은 한꺼번에 등장한 것이 아니다. 부처님이 열반하신 뒤에는 『아함경』 등 초기경전이 여러 교단에 전해졌다. 1세기 전후 새로운 바람을 일으키며 대승불교가 일어났다. 그리고 『반야경』, 『화엄경』, 『법화경』 등 수많은 대승경전이 등장하였다. 대승불교는 인도의 여러 사상과 영향을 주고받으며 다양한 모습으로 전개되었다. 그 가운데 밀교가 있다. 당연히 밀교 경전도 등장하였다. 밀교 경전에는 의궤(의례), 다라니, 진언 등이 있는 것이 특징이다.

밀교(密敎)는 비밀불교의 줄임말로서 '비밀로 설해진 가르침'이라는 뜻이다. 상대되는 말은 현교(顯敎)다. 3세기경부터 밀교 의례가 보이는 경전이 등장하였다. 특히 7세기 무렵 『대일경』, 『금강정경』 등의 등장은 불교사에서 밀교의 새로운 지위를 부여하였다. 이때를 정통밀교라 한다. 이전을 초기밀교, 이후를 후기밀교로 구분한다.

『천수경』의 바탕이 되는 『천수천안관세음보살광대원만무애대비심다라니경』 등은 밀교부 경전으로 분류한다. 따라서 『천수경』에는 의례, 다라니, 진언 등 밀교 경전의 특징이 보인다. 그러나 『천수경』에는 밀교뿐만 아니라 다양한 불교사상과 신행이 녹아 있다.

경전 성립과 『천수경』의 위치

대장경
- 부처님 가르침을 모은 불교성전을 대장경
- 경율론 삼장이나 여러 고승의 서적 등을 모아서 만든 불교성전

삼장(三藏)
- 경장(經藏), 율장(律藏), 논장(論藏)
  경장 : 부처님이 말씀하신 교리를 기록한 경전
  율장 : 부처님이 말씀하신 계율을 기록한 경전
  논장 : 경장과 율장에 대해 부처님 제자나 후대 스님이 풀이한 저서

대장경의 등장
- 부처님이 열반하신 뒤에는 『아함경』 등 초기경전이 여러 교단에 전해짐.
- 1세기 전후 『반야경』, 『화엄경』, 『법화경』 등 수많은 대승경전 등장
- 3세기경부터 밀교 의례가 보이는 밀교 경전 등장

현행 『천수경』에는 밀교뿐만 아니라 다양한 불교사상과 신행이 함께함.

『천수경』의 전래와 의례 독송용 편집

『천수경』은 우리나라에서 많이 독송하는 경전이다. 새벽예불, 저녁예불이 끝난 뒤에『천수경』독송을 시작으로 기도가 이어진다. 사시예불, 불공의식 때에는 삼보를 모시기 위해 먼저『천수경』을 독송한다. 또는 신행의 한 방법으로『천수경』을 독송한다.

그런데 고려대장경 등에는『천수경』이라 이름하는 경전은 보이지 않는다. 그렇다고『천수경』에 해당하는 경전이 없다는 말은 아니다. 천수천안관세음보살과 관련된 신앙의궤 및 다라니를 담고 있는 경전을『천수경』또는 천수경류라고 총칭한다. 이에 해당하는 한역경전은『천수천안관세음보살광대원만무애대비심다라니경』(가범달마 스님 역, 658년경),『천수천안관세음보살대비심다라니』(불공 스님 역, 730~744년경) 등 18종 정도 전해진다.

『천수경』은『천수천안관세음보살광대원만무애대비심다라니경』등을 중심으로 독송 의례를 위해 편집한 경전이다. 불교 전래 후 우리나라에 맞는 불교 의식집을 편찬하였다.『천수경』내용은 서산대사의『운수단가사』를 비롯하여 여러 의식집에 여러 모습으로 등장한다. 〈천수다라니〉처럼 대부분 의식집에 공통으로 들어가는 내용도 있고, 〈십악참회〉처럼 몇몇 의식집에 빠져 있는 내용도 있다.

이처럼『천수경』은 오랜 시간 다양하게 편찬되었다. 또 사찰마다 각각 편찬 독송하였다. 1932년 권상로 스님의『조석지송』, 1935년 안진호 스님의『석문의범』등의 내용이 오늘날『천수경』과 많이 일치한다. 1969년 통도사 강원에서 간행한『행자수지』중「천수심경」은 오늘날『천수경』과 완벽하게 일치한다.

따라서 오늘날『천수경』은 이전 여러 의식집을 바탕으로 신행에 맞게끔 재구성된 경전이다. 이『천수경』은 우리나라에서만 독송하고 있다. 한편 대한불교조계종에서는 2014년부터『우리말 천수경』을 편찬하였다. 현재 우리말로『천수경』을 독송하는 사찰이 늘고 있다.

『천수경』의 전래와 편찬

- 기존 의식집을 바탕으로 재구성된 경전으로 우리나라에서만 독송
- 『천수천안관세음보살광대원만무애대비심다라니경』 등을 중심으로 편집
- 『천수경』 오랜 시간 다양하게 편찬. 사찰마다 각각 편찬 독송
- 1932년 권상로 스님의 『조석지송』, 1935년 안진호 스님의 『석문의범』 등이 오늘날 『천수경』과 많이 일치
- 1969년 통도사 강원 간행 『행자수지』 중 『천수심경』은 『천수경』과 일치
- 2014년부터 대한불교조계종에서 『우리말 천수경』 편찬
- 현재 우리말로 『천수경』을 독송하는 사찰이 늘고 있음.

『천수경』과 관세음보살

천수(千手)는 천수천안관세음보살(千手千眼觀世音菩薩)에서 나온 말이다. 천 개의 손과 천 개의 눈을 가진 관세음보살. 천 개의 눈은 중생을 살펴보는 지혜를 말하고, 천 개의 손은 중생의 고통을 해결하는 다양한 방편을 말한다.

『천수경』은 관음신앙의 핵심 경전이다. 관음신앙은 관세음보살에 대한 간절한 기도 정진을 통해 그분의 가피를 구하고자 하는 신행이다. 관세음보살 명호를 외우며 간절한 기도를 올린다.

관세음보살은 범어로는 아바로키테쉬바라(Avalokiteśvara)다. 풀이에 따라 관세음보살, 관자재보살이라고 번역한다. '세상의 소리(세음)를 다 살펴보기(관)'에 관세음보살, '지혜로 살펴봄으로써(관) 자재로운(자재) 묘한 결과를 얻은 이' 또는 '살펴봄에(관) 자재하기(자재)'에 관자재보살이라고 한다. 경전 번역할 당시 당나라 왕의 이름자(이세민)를 쓸 수 없기에 특히 관음이라 번역하였다.

또 관세음보살은 원만하여 통하지 않음이 없으므로 원통대사다. 『능엄경』의 이근원통(耳根圓通)에서 유래한다고 본다. 이근(耳根)이 총명하여 소리를 통해 중생을 진리의 세계로 이끄는 것을 수행으로 삼기에 이근원통이라고 한다. 또 자비를 위주로 하기에 대비성자(大悲聖者), 세상의 고난에서 벗어나게 해 주기에 구호고난자(救護苦難者) 또는 구세대사(救世大士), 두려움을 없애주기에 시무외자(施無畏者)라고 한다. 나아가 관음여래라고도 한다.

관세음보살은 다양한 모습으로 중생을 제도한다. 부처님, 스님, 어린아이, 부인 등의 몸으로 제도할 이에게는 그에 알맞은 몸을 나타내어 제도한다. 이를 33응신, 또는 32응신이라고 한다. 그리고 6관음, 7관음 등 다양한 모습의 관세음보살이 있다. 『천수경』에서도 여러 관세음보살이 등장한다.

이처럼 관세음보살은 중생이 간절히 원할 때 어느 때 어느 곳이라도 다양한 모습으로 나타난다.

『천수경』과 관세음보살

- 『천수경』은 관음신앙의 핵심 경전
- 천수(千手)는 천수천안관세음보살(千手千眼觀世音菩薩)에서 나온 말
  천 개의 손과 천 개의 눈을 가진 관세음보살
  천 개의 눈은 중생을 살펴보는 지혜,
  천 개의 손은 중생의 고통을 해결하는 다양한 방편

관세음보살

- 범어로는 아바로키테쉬바라(Avalokiteśvara)
  관세음보살, 관자재보살로 번역
  관세음보살 : 세상의 소리(세음)를 다 살펴보기(관)
  관자재보살 : 지혜로 살펴봄으로써(관) 자재로운(자재) 묘한 결과를 얻은 이,
              살펴봄에(관) 자재하기(자재)
- 원통대사 : 관세음보살은 원만하여 통하지 않음이 없음.
- 대비성자(大悲聖者) : 자비를 위주로 함.
- 구호고난자(救護苦難者), 구세대사(救世大士) : 고난에서 벗어나게 해 줌.
- 시무외자(施無畏者) : 두려움을 없애 줌.
- 관음여래
- 33응신, 32응신, 6관음 등 : 관세음보살은 다양한 모습으로 중생을
제도함.

관음신앙과 관음도량

직접 조사하지는 않았지만, 우리나라에서 제일 많은 절 이름이 관음사라고 한다. 또한 양양 낙산사, 강화도 보문사, 남해 보리암 등 관음신앙과 관계되는 절이 많다. 그리고 대부분 절에서 관음신앙이 진행된다.

나무 보문시현 원력홍심 대자대비 구고구난

관세음보살 관세음보살…

다양한 방편을 나타내고 원력이 깊으며 중생에 대해 대자대비하고 온갖 고난에서 구해 주시는 관세음보살님께 귀의합니다. 관세음보살 관세음보살…

관음정근 때 외우는 게송이다. '보문'은 관세음보살이 중생을 제도하기 위한 다양한〔普〕 방편〔門〕을 말한다. 방편이란 방법이다. 중생마다 이해와 요구가 다르니, 각 중생에게 맞는 방편이 다양하게 필요하다.

『화엄경』「입법계품」에 의하면, 관세음보살이 머무는 곳은 보타락가산이다. 바다와 관련된 지역이다. 보타락가(Potalaka)는 소화수(小花樹), 소백화(小白花), 해도(海島), 광명(光明) 등으로 번역한다. 따라서 관음신앙과 관련된 사찰은 주로 바닷가에 위치하거나 내륙에 있더라도 물과 관련한 곳이 많다. 현재 우리나라 3대 관음도량은 바닷가에 있다. 바로 동해의 양양 낙산사, 서해의 강화 낙가산 보문사, 남해의 남해 보리암이다. 여수 향일암을 포함하여 4대 관음도량이다.

여기서 잠깐! 이처럼 앞에서 등장한 보문시현, 보타락가산, 원통대사 등의 말은 관음보살과 바로 연결된다. 따라서 절 이름 또는 법당 현판에 관음, 보문, 원통, 보타, 낙가, 낙산이라는 말이 들어가 있으면 관음신앙(관음보살)과 관계있다. 물론 남해 보리암처럼 예외도 있다. 보리는 '깨달음'이라는 뜻이다. 그런데 관세음보살의 가피로 결국 깨달음으로 나아가니, 굳이 예외라고 할 것은 없다.

우리나라 관음도량

- 3대 관음도량 : 양양 낙산사, 강화 보문사, 남해 보리암
- 4대 관음도량 : 3대 + 여수 향일암
- 33관음도량
- 절 이름 또는 법당 현판에 관음, 보문, 원통, 보타, 낙가, 낙산이라는 말이 들어가 있으면 관음신앙(관음보살)과 관계 있음.

남해 보리암

양양 낙산사

강화 보문사

『천수경』과 정토신앙

『천수경』은 관음신앙의 핵심 경전이다. 그런데 정토신앙과 관련된 내용도 있다. 관음신앙을 중심으로 독송 의례를 위해 편집된 경전이기 때문이다.

예로부터 의식집은 각 종파나 각 사찰의 신행에 따라 다른 내용으로 구성된다. 그런데 조선 시대 여러 종파가 통합되면서 의식 또한 통합되었다. 그리하여 각 종파의 의식을 집대성한 의식집이 등장하였다. 오늘날 여러 종파가 다시 생겨났지만, 우리나라 불교는 각 교리나 신행을 아우르는 통불교 성격이 강하다. 이러한 흐름에 『천수경』이 있다. 그리하여 『천수경』에 정토신앙이 담겼다.

정토신앙 하면 보통 아미타신앙, 미타신앙을 말한다. 아미타부처님의 원력을 믿고 수행 정진하여 마침내 극락에 태어나기를 원한다. 정토(淨土)는 맑고 깨끗한 국토, 청정한 부처님의 나라를 말한다. 범부가 사는 더러운 땅, 예토(穢土)에 상대한다. 우리가 자주 언급하는 정토는 서방정토, 서방극락세계다.

서방정토는 근심과 고통이 없고 즐거움만 가득하여 극락(極樂)이라 한다. 극락 중생은 모든 부처님 나라에 가서 불보살님을 공양하고 기쁜 마음으로 돌아옴으로 안양(安養)이라 한다. 혹은 마음은 편안하고[安] 몸은 건강하기[養] 때문이다.

극락에는 아미타부처님 좌우로 관세음보살, 대세지보살이 자리한다. 이분들은 정토와 예토를 넘나들며 중생에게 자비를 베푼다. 특히 예토 중생이 죽을 때 극락으로 인도한다. 따라서 '나무아미타불 관세음보살'처럼 관세음보살은 자연스럽게 아미타부처님과 연결된다. 『천수경』 후반 〈여래십대발원문〉 중 "결정코 안양에 태어나길 원하고, 아미타부처님을 빨리 친견하길 원한다."는 구절이 있다. 『천수경』에서 관음신앙은 자연스럽게 아미타신앙(정토신앙)으로 연결된다.

한편, 『천수경』 〈사방찬〉 〈도량찬〉에는 지금 이 도량이 정토라고 찬탄한다. 마음이 청정하면 국토가 청정하다는 유심정토(唯心淨土)다. 극락처럼 다른 세계의 정토[타방정토(他方淨土)]가 아니라 바로 이곳이 정토[차방정토(此方淨土)]다.

『천수경』과 정토신앙

- 『천수경』은 관음신앙을 중심으로 독송 의례를 위해 편집된 경전이므로 정토신앙도 담겨 있음.
- 『천수경』〈사방찬〉〈도량찬〉에는 지금 이 도량이 정토라고 찬탄
- 『천수경』후반 〈여래십대발원문〉 중 "결정코 안양에 태어나길 원하고, 아미타부처님을 빨리 친견하길 원한다." 는 구절이 있음.

정토신앙

- 보통 아미타신앙, 미타신앙을 말함.
- 아미타부처님의 원력을 믿고 수행 정진하여 마침내 극락에 태어나기를 원함.
- 정토의 대표는 서방극락정토
- 극락에는 아미타부처님 좌우로 관세음보살, 대세지보살이 자리
- 유심정토(唯心淨土) : 마음이 청정하면 국토가 청정하다.

다라니와 진언

『천수경』을 '천수다라니', '천수대비주'라고 할 정도로 〈신묘장구대다라니〉는 『천수경』의 중심이다. 『천수경』에는 〈정구업진언〉 등 많은 진언(眞言)이 있다.

다라니와 진언은 고대 인도의 만트라에서 시작한다. 만트라는 진실한 말이라는 의미다. 심오한 의미가 응축된 신성한 글귀로 여겨졌다. 이후 불교, 자이나교, 힌두교 등 인도에서 공통으로 사용하였다. 불교에서는 진언이라고 번역한다.

초기불교에는 만트라보다 파리타라는 용어를 사용하였다. 파리타는 호신(護身)을 위해 사용하는 주문으로, 독송을 통해 호신력을 일으키는 진언을 의미한다. 호주(護呪)로 번역한다. 『반야경』 등 대승경전에는 비드야라는 용어를 사용하였다. 명주(明呪)라고 한다. 주문을 통해 마음을 모으고 지혜를 밝혀서 힘을 키운다. 대승경전에는 만트라, 비드야보다 다라니라는 용어가 많이 등장한다.

다라니는 만트라, 파리타, 비드야의 의미를 함축한다. 다라니는 총지(總持), 능지(能持), 능차(能遮) 등으로 번역한다. 짤막한 말속에 많은 의미가 있다. 다라니는 '긴 경전에 있는 근본 원리를 짧게 요약한 글귀'를 의미하였다. 그리하여 경전을 기억하는 데 도움을 주는 역할을 하였다. 그러다가 암송하는 구절이 신비한 힘을 갖는 진언으로 전개되었다. 한량없이 깊고 많은 뜻을 간직하며〔총지〕, 선법을 능히 가지고〔능지〕, 갖가지 악법을 막아주고 물리친다〔능차〕.

〈신묘장구대다라니〉처럼 긴 구절은 다라니, 〈정구업진언〉 '수리수리 마하수리 수수리 사바하'처럼 몇 구절은 진언, '옴'처럼 한두 자는 주(呪)라고 한다. 그러나 천수다라니를 천수대비주라고 하는 것처럼 다라니 진언, 주문 등을 구분 없이 거의 동의어로 사용한다.

예로부터 천수다라니 등을 많이 독송하였다. 다라니를 독송하면 병환을 다스리거나 재난을 막는 등의 공덕이 있다고 믿었다. 그리고 다라니 독송을 깨달음에 이르게 하는 삼매 수행법의 하나로 여겼다.

다라니와 진언

- 고대 인도의 만트라에서 시작. 만트라는 진실한 말이라는 의미, 진언
- 초기불교에는 만트라보다 파리타라는 용어를 사용
  → 파리타는 호신(護身)을 위해 사용하는 주문, 호주(護呪)
- 『반야경』 등 대승경전에는 비드야라는 용어를 사용. 명주(明呪)
  → 주문을 통해 마음을 모으고 지혜를 밝혀서 힘을 키움.
- 대승경전에는 만트라, 비드야보다 다라니라는 용어가 많이 등장

다라니
- 만트라, 파리타, 비드야의 의미를 함축
- 총지(總持), 능지(能持), 능차(能遮) 등으로 번역
- 긴 경전에 있는 근본 원리를 짧게 요약한 글귀를 의미
  → 경전을 기억하는 데 도움을 주는 역할
  → 암송하는 구절이 신비한 힘을 갖는 진언으로 전개
- 한량없이 깊고 많은 뜻을 간직하며[총지], 선법을 능히 가지고[능지], 갖가지 악법을 막아주고 물리친다.[능차].
- 다라니를 독송하면 병환을 다스리거나 재난을 막는 등의 공덕이 있다고 믿음.
- 다라니 독송을 깨달음에 이르게 하는 삼매 수행법의 하나로 여김.

다라니를 풀이하지 않았던 이유

무슨 소린지 모르는 〈신묘장구대다라니〉를 왜 독송하는지, 그 뜻이 무엇인지 궁금해한다. '옴 마니 반메 홈' 등 진언도 마찬가지다. 중국에서 경전을 번역할 때, 몇 가지 번역기준을 정하였다. 현장 스님(602~664)의 오종불번(五種不飜)〔번역하지 않고 음사하는 5가지 경우〕이 유명하다.

1. 비밀스러운 경우다. 다라니가 그렇다. 다라니 또는 진언(眞言)은 간단한 말에 갖가지 심오한 의미를 담고 있다. 드러난 말의 뜻만 단순하게 해석하면 진실한 뜻을 훼손하게 되므로 번역하지 않고 인도어 그대로 음사〔음역〕한다.

2. 많은 뜻을 포함하는 경우다. 가령 비구가 그렇다. 비구에는 걸식하는 자, 번뇌를 부순 자, 마구니를 두렵게 하는 자 등의 뜻이 있다. 만약 비구를 걸사(乞士)라고만 번역하면 다른 뜻이 드러나지 않고 그 말을 왜곡할 수 있다.

3. 중국에 없는 것을 말하는 경우다. 사위성, 염부수(閻浮樹)가 그렇다. 염부수는 인도에 자라는 '염부'라는 나무다. 인도어로 잠부(jambu)다. 중국에 없는 식물이므로 한자로 음사하였다. 그런데 우리나라 한자 음으로 읽다 보니 염부가 되었다.

4. 과거에 그렇게 번역한 경우다. 아뇩다라삼먁삼보리와 같은 경우다. 이는 무상정등정각(無上正等正覺)〔위없고 바르고 진리와 동등한 바른 깨달음〕으로 번역할 수 있지만, 이전부터 음역을 쓰고 있으므로 관습에 따른다.

5. 좋고 훌륭한〔선(善)〕 뜻을 일으키는 경우다. 반야가 그렇다. 반야를 지혜라고 번역할 경우, 세간의 지혜나 지식처럼 느껴져 그 뜻이 가볍게 들릴 수 있다. 반야라고 음역함으로써 말이나 생각으로 헤아릴 수 없는, 뛰어난 지혜라는 존중의 뜻을 지닌다.

부처님 말씀을 함부로 전하지 않으려는 스승의 마음을 느낄 수 있다. 다라니를 번역하지 않았던 이유는 첫째 경우지만, 생각해보면 나머지 경우도 해당한다.

오종불번(五種不飜)

오종불번(五種不飜)의 의미
다음 경우(다섯 가지 경우) 단순하게 번역하면 왜곡될 소지가 있기에 음사함.

① 비밀스러운 경우 : 예) 다라니. 다라니 또는 진언(眞言)은 간단한 말에 갖가지 심오한 의미를 담고 있음
② 많은 뜻을 포함하는 경우 : 예) 비구. 비구에는 걸식하는 자, 번뇌를 부순 자, 마구니를 두렵게 하는 자 등의 뜻이 있음
③ 중국에 없는 것을 말하는 경우 : 예) 사위성, 염부수(閻浮樹)
④ 과거에 그렇게 번역한 경우 : 예) 아뇩다라삼먁삼보리
⑤ 좋고 훌륭한[선(善)] 뜻을 일으키는 경우 : 예) 반야. 반야를 지혜라고 번역할 경우, 세간의 지혜나 지식처럼 느껴져 그 뜻이 가볍게 들릴 수 있음.

다라니 해석 여부와 독송

이런 문제 제기가 있다. '인도사람들은 인도어로 된 경전을 독송하였기 때문에 그들은 그 다라니의 뜻을 알고 독송하지 않았겠는가. 그러니 우리도 뜻을 알고 독송해야 하지 않는가.'

문제 제기를 받아들여 오늘날 그 다라니와 진언을 풀이하는 이도 있다. 그리고 "비밀스럽게 여겨왔던 다라니를 해석함으로써 그 뜻을 이해하고 되고, 그래서 신심이 더욱 돈독해지는 계기가 될 수 있다."고 주장한다.

반면에 다라니와 진언 풀이를 우려하는 이도 있다. "다라니를 해석하면, 해석된 그 의미만 있을 뿐, 그때 이미 다라니는 총지임을 멈추게 된다."고 하거나, "그 뜻을 풀이하면 읽는 이가 갖가지 생각에 휩싸여 오히려 대다라니의 신묘한 힘을 그대로 받아들이지 못하게 될 수 있다."고 주장한다.

이런 주장도 있다. 최소한 다라니나 진언은 번역하지 않고 음사한 그대로 읽자. 그때 시공간을 뛰어넘어 부처님 당시 언어로 부처님과 부처님 제자와 함께 독송하는 시간을 연출할 수 있다. 물론 현재 우리가 독송하는 다라니나 진언은 변형된 우리나라 한자음으로 발음하기에 본래 그 언어의 발음과 차이가 난다.

한편 다라니를 우리식 발음이 아니라 원래 발음으로 독송하자는 주장이 있다. 그때 여러 나라 사람이 같은 소리로 함께 독송하는 장관을 볼 수 있지 않을까.

무엇보다 독송하는 동안에는 글자의 뜻을 헤아리기보다는 아무런 생각 없이 오로지 글자와 하나가 되어야 한다. 말과 글은 한계가 있다. 모든 뜻을 담을 수 없다. 자신이 알고 있는 뜻으로 경전의 뜻을 헤아리며 독송한다? 제대로 된 독송이 될 수 있을까? 독송할 때는 뜻을 헤아릴 것이 아니라 한 글자 한 글자에 집중하여 잡생각이 일어나지 않아야 한다. 모든 수행의 기본은 생각을 내려놓는 것이다. 그런데 뜻을 헤아리며 독송한다면 얼마나 많은 생각이 일어나겠는가.

이 책에서는 후자의 주장을 받아들여 다라니와 진언을 풀이하지 않는다.

다라니 해석 여부와 독송

오늘날 다라니 해석에 대한 견해

견해 1 : 비밀스럽게 여겨왔던 다라니를 해석함으로써 그 뜻을 이해하게 되고, 그래서 신심이 더욱 돈독해지는 계기가 될 수 있다.

견해 2 : 다라니를 해석하면, 해석된 그 의미만 있을 뿐, 그때 이미 다라니는 총지임을 멈추게 된다."고 하거나, "그 뜻을 풀이하면 읽는 이가 갖가지 생각에 휩싸여 오히려 대다라니의 신묘한 힘을 그대로 받아들이지 못하게 될 수 있다.

견해 3 : 최소한 다라니나 진언은 번역하지 않고 음사한 그대로 읽자. 그때 시공간을 뛰어넘어 부처님 당시 언어로 부처님과 부처님 제자와 함께 독송하는 시간을 연출할 수 있다.

『천수경』에 담긴 내용을 이해하는 한 방법

『천수경』은 독송 의례를 위해 편집한 경전이다. 그것도 이전 의식집을 바탕으로 여러 차례 편집하였다. 따라서 『천수경』에는 어떤 흐름으로 불교 의식을 진행하고, 어떤 내용으로 신행 생활할 것인지, 그 내용이 잘 정리되어 있다.

기도하고자 하는 사람이 궁금해 하는 부분이 있다. '어떤 방법으로 어떤 내용으로 기도하지?' 기도는 발원이 중심이다. 그렇다고 무조건 '…를 원합니다.'라고 빌 수만은 없지 않은가. 그래서 궁금해 한다. '어떻게 기도하는 것이 좋지?'

『천수경』의 내용을 채웠던 긴 시간의 고민도 이러한 궁금증과 크게 다르지 않다. 따라서 우리의 기도를 어떤 내용으로 채울까 고민해 본다면, 『천수경』의 구성과 내용을 이해하는 데 도움이 된다.

기도할 때 발원문을 작성하여 읽는다. 발원문에 들어갈 내용은 찬탄, 참회, 발원, 회향이 기본이다. 우선 지혜와 자비를 주실 불보살님을 찬탄한다. 다음은 참회다. 자신의 잘못을 숨기고 무엇을 바라기만 한다면 도둑놈 심보다. 다음은 원하고자 하는 바(발원)를 언급한다. 다음은 불보살님의 가피로 받을 공덕을 어디로 돌릴 것인지(회향) 다짐한다. 그럼 간단한 발원문을 작성해 보자.

"대자대비하신 관세음보살이시여! 보살님의 대비 원력은 위없이 높고 깊습니다. 어리석고 욕심내어 지난날 지은 모든 잘못을 참회합니다. 지혜가 부족하고 쌓은 복덕도 많지 않아서 하는 일이 힘듭니다. 대자대비하신 관세음보살이시여! 자비를 베푸소서. 보살님의 가피로 보살도를 행하는 불자가 되겠습니다."

내용을 더 붙이면 긴 발원문이 된다. 발원문에 담긴 내용을 의례 구성으로 확대할 수도 있다. 우선 경전 독송으로 이 공간(도량)을 청정하게 한다. 불보살님의 가피를 구하고자 불보살님의 명호를 부르며 찬탄한다. 참회 관련 게송을 읊으며 참회하고, 여러 불보살님의 대자대비한 발원을 언급하며 본인 발원에 힘을 보탠다. 그리고 이로 인한 공덕을 모든 이들에게 돌리는 의식으로 정리한다.

『천수경』에 담긴 내용을 이해하는 한 방법

- 발원문을 구성해 보자
- 발원문에 담긴 내용을 의례 구성으로 확대할 수도 있음.

발원문에 들어갈 내용 : 찬탄, 참회, 발원, 회향이 기본
- 찬탄 : 지혜와 자비를 주실 불보살님을 찬탄
- 참회 : 자신의 잘못을 숨기고 무엇을 바라기만 한다면 도둑놈 심보
- 발원 : 원하고자 하는 바를 발원
- 회향 : 불보살님의 가피로 받을 공덕을 회향 다짐.

『천수경』의 구성

『천수경』은『천수천안관세음보살광대원만무애대비심다라니경』등을 중심으로 편집한 독송 의례용 경전이다.『천수경』을 '천수다라니'라고 할 정도로 〈신묘장구대다라니〉가 중심이 된다. 그리고 불자의 발원을 담아 편집한 독송 의례용 경전이므로 찬탄, 참회, 발원, 회향 등의 내용도 있다. 발원 기도에는 불보살님의 찬탄, 참회, 발원, 회향이 기본이기 때문이다.

이전 의식집인『불가일용작법』(1869년)에 의하면, 저녁예불의식의 사전의식으로 현행『천수경』의 참회편까지 봉행하고, 이후 저녁예불 뒤 '준제지송편람'이라 하여 준제지송행법을 진행하였다. 그런데 19세기 후반 저녁예불이 독립된 후, 예불 전후의 천수행법과 준제행법을 자연스럽게 합편하였다. 그리하여 관세음보살이나 천수다라니의 친근성 때문에 준제행법까지 포함된 경전을『천수경』으로 명명하였다고 본다. 오늘날『천수경』주요 항목을 정리하면 다음과 같다.

〈정구업진언〉〈오방내외안위제신진언〉〈개경게〉〈개법장진언〉 // 〈천수천안관자재보살광대원만대비심대다라니(경 이름)〉〈계수문〉〈십원문과 육향문〉〈별귀의(나무관세음보살…)〉〈신묘장구대다라니〉 // 〈사방찬〉〈도량찬〉 // 〈참회게〉〈참회업장십이존불〉〈십악참회〉〈이참게〉〈참회진언〉 // 〈준제찬〉〈귀의준제〉〈정법계진언〉〈호신진언〉〈관세음보살본심미묘육자대명왕진언〉〈준제진언〉〈준제발원〉 // 〈여래십대발원문〉〈발사홍서원〉〈귀명례삼보(삼귀의)〉

따라서『천수경』은 〈신묘장구대다라니〉를 중심으로 편집한 경전이지만, 〈신묘장구대다라니〉 중심의 전반부와 〈준제진언〉 중심의 후반부로 크게 구분한다. 두 다라니의 수행법은 성격이 약간 다르지만, 관음신앙의 연관성으로『천수경』을 구성한다.

『천수경』의 구성 특징

- 『천수경』은 〈신묘장구대다라니〉가 중심
- 〈신묘장구대다라니〉 중심의 전반부와 〈준제진언〉 중심의 후반부로 크게 구분
- 불자의 발원을 담아 편집한 독송 의례용 경전이므로 찬탄, 참회, 발원, 회향 등의 내용도 있음.

『천수경』의 구성을 사람마다 각자 약간 다르게 분석하지만, 여기서는 크게 여섯으로 구분한다.

① 경전을 여는 진언과 게송이다.

　→〈정구업진언〉〈오방내외안위제신진언〉〈개경게〉〈개법장진언〉

　이 내용은 『천수경』뿐만 아니라 모든 경전을 독송할 때 읊는 부분이다.

②〈신묘장구대다라니〉를 중심으로 지송하는 부분이다.

　　→〈천수천안관자재보살광대원만대비심대다라니(경 이름)〉〈계수문〉〈십원문과 육향문〉〈별귀의(나무관세음보살…)〉〈신묘장구대다라니〉

　실제 『천수천안관세음보살광대원만무애대비심다라니경』 등의 천수경전에 있는 내용이다. 아래 〈사방찬〉부터 끝까지는 천수경전에 있는 글이 아니다. 경전에 언급한 찬탄, 참회, 발원, 귀의 등의 내용을 근거로 후대에 첨가한 의식문이다.

③ 청정하게 장엄한 도량에 삼보께서 강림하시는 부분이다.

　→〈사방찬〉〈도량찬〉

④ 불보살님 앞에서 모든 악업을 참회하는 부분이다.

　→〈참회게〉〈참제업장십이존불〉〈십악참회〉〈이참게〉〈참회진언〉

⑤〈준제진언〉을 중심으로 지송하는 부분이다.

　→〈준제찬〉〈귀의준제〉〈정법계진언〉〈호신진언〉〈관세음보살본심미묘육자대명왕진언〉〈준제진언〉〈준제발원〉

⑥ 발원 및 귀의로 회향하는 부분이다.

　→〈여래십대발원문〉〈발사홍서원〉〈귀명례삼보(삼귀의)〉

　이와 같은 『천수경』의 구성을 볼 때, 『천수경』은 독송 의례용 경전이지만, 신행생활의 지침서이기도 하다. 그리고 〈신묘장구대다라니〉 등의 진언을 21편, 33편, 108편 등 외우면서 기도한다면, 『천수경』 독송은 훌륭한 수행 방법이 될 수 있다.

『천수경』의 구성

① 경전을 여는 진언과 게송

→ 〈정구업진언〉 〈오방내외안위제신진언〉 〈개경게〉 〈개법장진언〉

② 〈신묘장구대다라니〉를 중심으로 지송하는 부분

→ 〈천수천안관자재보살광대원만대비심대다라니(경 이름)〉 〈계수문〉

〈십원문과 육향문〉 〈별귀의(나무관세음보살…)〉 〈신묘장구대다라니〉

③ 청정하게 장엄한 도량에 삼보께서 강림하시는 부분

→ 〈사방찬〉 〈도량찬〉

④ 불보살님 앞에서 모든 악업을 참회하는 부분

→ 〈참회게〉 〈참제업장십이존불〉 〈십악참회〉 〈이참게〉 〈참회진언〉

⑤ 〈준제진언〉을 중심으로 지송하는 부분

→ 〈준제찬〉 〈귀의준제〉 〈정법계진언〉 〈호신진언〉

〈관세음보살본심미묘육자대명왕진언〉 〈준제진언〉 〈준제발원〉

⑥ 발원 및 귀의로 회향하는 부분

→ 〈여래십대발원문〉 〈발사홍서원〉 〈귀명례삼보(삼귀의)〉

제2부

『천수경』 풀이

경전을 여는 진언과 게송

〈정구업진언〉부터 〈개법장진언〉까지는 어떤 경전을 독송하든 공통으로 읽는 서문이다. 즉 『천수경』, 『금강경』 등 경전 독송 전에 하는 의례다. 개경(開經), 경전을 여는 의식이다.

경전을 독송하고 의식을 행하기에 앞서 자신의 마음을 깨끗이 하고(〈정구업진언〉), 동남서북 및 중앙 등 시방세계의 불보살님과 신중에게 예의를 표하고(〈오방내외안위제신진언〉), 경을 펴기 위한 게송을 읊고(〈개경게〉), 법의 창고 즉 경전을 펼치는(〈개법장진언〉) 과정의 의례다.

『천수경』은 독송 의례용으로 편집한 경전이다. 〈정구업진언〉부터 〈개법장진언〉의 이 서문도 편집한 부분이다. 『천수경』의 바탕이 된 경전인 『천수천안관세음보살광대원만무애대비심다라니경』에는 다음과 같은 말씀이 있다.

> "이 신주를 받아 지니는 자는 넓고 큰 보리심[깨닫고자 하는 마음]을 내고, 모든 중생을 건질 서원을 세워야 한다. 몸으로는 재계(齋戒)를 지니며, 중생들에게 평등한 마음을 일으키며, 늘 이 주를 외워 끊어지지 않도록 해야 한다. 깨끗한 방에 머물러 깨끗이 목욕하고 깨끗한 옷을 입고, 깃발을 걸고, 등을 밝히며, 향과 꽃과 여러 가지 음식을 공양하고, 마음을 한 곳에 거두어 다른 것을 생각하지 말라. 여법하게 이 다라니를 외워 지녀라."

이 말씀을 〈정구업진언〉부터 〈개법장진언〉까지 의식문으로 옮겼다고 본다.

경전은 한량없는 세월 동안 중생들을 제도하여 열반의 도를 얻게 한다. 경전을 통해 부처님을 친견하며, 진리의 세계로 들어간다. 따라서 경전을 보기 전에는 몸을 깨끗이 하고 마음을 가다듬는다. 그리고 부처님을 뵙고 가르침을 듣는 마음가짐으로 경전을 읽는다.

『천수경』의 서문

- 어떤 경전을 독송하든 공통으로 읽는 서문
- 개경(開經), 경전을 여는 의식
- 서문의 구성

〈정구업진언〉 : 경전 독송하기 전에 자신의 마음을 깨끗이 함

〈오방내외안위제신진언〉 : 불보살님과 신중에게 예의를 표함

〈개경게〉 : 경을 펴기 위한 게송

〈개법장진언〉 : 법의 창고 즉 경전을 펼치는 진언

입으로 지은 업을 맑히는 진언

〈정구업진언〉 수리수리 마하수리 수수리 사바하 (3편)

〈정구업진언(淨口業眞言)〉은 구업을 맑히는 진언이다. 입으로 지은 업을 깨끗하게 하는 참된 말이다. 〈정구업진언〉을 『천수경』 맨 앞에 두는 이유가 있다. 우선 경전을 입으로 외우기 때문이다. 그런데 구업을 맑히는 〈정구업진언〉을 하지만, 이 진언을 외우면서 경전을 대하는 몸과 마음도 함께 깨끗하게 해야 한다. 이전 의식문에서는 〈정구업진언〉이 아니라 〈정삼업진언〉을 두고 있다.

　업을 보통 팔자 등 숙명론 같은 뜻으로 안다. 불교에서는 우리가 하는 행위를 업이라고 한다. 몸으로 짓는 업을 신업, 입으로 짓는 업을 구업, 생각으로 짓는 업을 의업이라고 한다. 이를 신구의(身口意) 삼업(三業)이라 한다. 그런데 업은 사라지지 않고 마음에 그 기운이 저장되어 다음 삶에 영향을 미친다. 그러나 그 업이 변하지 않는 것은 아니다. 지금 우리가 어떻게 살아가는가에 따라 변한다. 수행하는 이유 가운데 하나도 그것이다. 〈정구업진언〉인 '수리수리 마하수리 수수리 사바하'를 외우는 것도 역시 마찬가지다.

　우리는 수많은 업을 짓는다. 몸으로도 짓고, 입으로도 짓고, 생각으로도 짓는다. 우리는 쉽게 말한다. 쉽게 말한 구업은 우리 삶에 많은 영향을 미친다. 말 한마디로 천 냥 빚을 갚기도 하지만, 입이 모든 화의 근본이 되기도 한다. 그러므로 말은 꼭 필요할 때만 하고 그 나머지는 침묵을 지키라고 한다. 말은 몸과 마음에 영향을 준다. 거친 말은 몸과 마음을 긴장시키고, 부드러운 말은 몸과 마음을 편안하게 한다. 그리고 생각은 언어로 한다. '부처님'이라는 언어를 통해 생각한다. 말의 중요성은 아무리 강조해도 지나치지 않다.

　그러므로 〈정구업진언〉, 입으로 지은 업을 맑게 만드는 진언을 앞에 둔다. '수리수리 마하수리 수수리 사바하'를 외우면, 동시에 몸과 마음도 맑게 된다.

정구업진언

수리수리 마하수리 수수리 사바하

- 경전을 독송하기 전에 구업을 맑히는 진언
- 경전을 입으로 외우기 때문에 〈정구업진언〉을 앞에 둠
- 경전을 대하는 몸과 마음도 함께 깨끗하게 함
- 이전 의식문에는 〈정삼업진언〉. 신구의(身口意) 삼업을 깨끗하게 함.

오방의 모든 신을 편안하게 하고 위로하는 진언

〈오방내외안위제신진언〉 나무 사만다 못다남 옴 도로도로 지미 사바하(3편)

〈오방내외안위제신진언(五方內外安慰諸神眞言)〉은 '오방의 모든 신을 편안하게 하고 위로하고자 하는 진언', '도량에 신들을 청하여 모시는 진언', '불보살님을 도량으로 청하는 진언' 등으로 풀이한다.

'오방'은 동남서북 사방과 중앙을 합한 말이다. 불교에서는 동서남북보다는 동남서북 순서로 이야기를 전개한다. 싯달타 태자는 동남서북 순서로 문을 나서고, 여러 방향에서 부처님을 찾아오는 불보살님도 동남서북 순서로 소개한다. 내외는 안팎이다. 오방내외는 자신과 자신을 둘러싼 주위 공간, 나아가 세계 전체를 말한다. 지금 기도하는 도량 안팎이 오방내외다.

불교에서는 유일신은 없다. 단지 인간이 아닌, 신통한 능력을 지닌 이를 신이라 한다. 이러한 신은 매우 많다. 하늘에 사는 이를 천(天) 또는 천신이라고 한다. 용은 용신이라고도 한다. 『화엄경』에는 도량신, 지신, 산신 등 많은 신이 등장한다. 이 신들은 생명과 지혜에 한계가 있어 부처님 가르침이 필요하다.

경전 독송하는 이 도량 안팎에 많은 신이 있다. 이러한 '모든 신'을 편안하게 위로하여 도량을 편안하게 해야 한다. 불법이 필요한 신들을 이 도량에 청하는 일이 신들을 편안하게 위로하는 일이다. 또 '모든 신'을 호법신장, 호법신중으로 본다. 호법신중이 이 도량에 함께하여 이 도량을 옹호해 주기를 바란다.

이러한 마음을 담아서 〈오방내외안위제신진언〉인 '나무 사만다 못다남 옴 도로도로 지미 사바하'를 외운다. 결국 모든 신들이 편안하고 호법신장이 함께하여 이 도량이 편안하다. 그리하여 불보살님을 이 도량에 청할 수 있는 예를 갖춘다. 따라서 〈오방내외안위제신진언〉은 『천수경』을 독송하기 전에 불보살님께 예를 갖추는 진언, 불보살님을 도량으로 청하는 진언이 된다.

오방내외안위제신진언

나무 사만다 못다남 옴 도로도로 지미 사바하

– 오방의 모든 신을 편안하게 하고 위로하고자 하는 진언
  도량에 신들을 청하여 모시는 진언
  불보살님을 도량으로 청하는 진언

불교에서 신(神)이란?

– 불교에서는 유일신은 없다.
– 단지 인간이 아닌, 신통한 능력을 지닌 이를 신이라 한다.
  예) 천신, 용신, 도량신, 지신, 산신 등 많은 신이 있다.
– 이 신들은 생명과 지혜에 한계가 있어 부처님 가르침이 필요하다.

∴ 〈오방내외안위제신진언〉은 『천수경』을 독송하기 전에 불보살님께 예를
갖추는 진언, 불보살님을 도량으로 청하는 진언이 된다.

경을 여는 게송

<개경게>

무상심심미묘법 無上甚深微妙法 **백천만겁난조우** 百千萬劫難遭遇
아금문견득수지 我今聞見得受持 **원해여래진실의** 願解如來眞實義

〈정구업진언〉과 〈오방내외안위제신진언〉이 독송자와 도량을 청정하게 하는 의례라면, 지금 〈개경게(開經偈)〉와 바로 뒤 〈개법장진언〉은 경전을 여는 의례다.

〈개경게〉는 경을 여는 게송이다. 어떠한 마음으로 경전을 읽어야 하는지 일깨워준다. 경전을 펴면서 불법을 찬탄하고, 바르게 배우고 깨우칠 것을 서원한다.

무상심심미묘법(위 없이 심히 깊은 미묘한 법은)__ '법'은 부처님이 깨달으신 진리를 말한다. 그 진리는 비교할 수 없고, 어떤 말로 표현할 수 없고, 생각할 수 없다. 그러나 말로 표현하지 않으면 우리가 알 수 없기에 '위 없이 심히 깊은 미묘한 법'이라 하였다. 부처님은 진리를 다양한 가르침으로 알려 주셨다. 가르침을 또한 '법'이라 한다. 이 법을 경전에 담았다.

백천만겁난조우(백천만겁의 세월이 지나도 만나기 어려운데)__ 겁(劫)은 시간 단위다. 사방 40리인 바위를 백 년에 한 번씩 얇은 옷으로 스쳐 그 바위가 닳아 없어져도 1겁은 다하지 않는다. 겁에 대한 설명 가운데 하나다. 1겁도 어마어마한데, 백천만겁이라니. 그만큼 부처님 법은 만나기 어렵다.

아금문견득수지(제가 지금 보고 듣고 받아 지녔으니)__ 만나기 어려운 불법을 지금 만났으니 얼마나 기쁘고 기쁜 일인가. 그런데 '위 없이 심히 깊은 미묘한 법'이기에 만나기 어려운 것이 아니라 어리석음과 욕심 때문이다. 이제 어리석음과 욕심을 내려놓기 시작하니, 불법을 만나게 되었다. 그 바탕에는 믿음이 있다. 이제 믿음과 환희심으로 서원한다.

원해여래진실의(부처님의 진실한 뜻을 알기를 원합니다.)

개경게

- 경을 여는 게송
- 경전을 펴면서 불법을 찬탄하고, 바르게 배우고 깨우칠 것을 서원한다.

무상심심미묘법(위없이 심히 깊은 미묘한 법은)
법은 진리, 가르침, 경전을 말함

백천만겁난조우(백천만겁의 세월이 지나도 만나기 어려운데)
겁(劫)은 시간 단위로, 사방 40리인 바위를 백 년에 한 번씩 얇은 옷으로
스쳐 그 바위가 닳아 없어져도 1겁은 다하지 않음

아금문견득수지(제가 지금 보고 듣고 받아 지녔으니)
이제 어리석음과 욕심을 내려놓기 시작하니, 불법을 만난다.

원해여래진실의(부처님의 진실한 뜻을 알기를 원합니다.)
이제 믿음과 환희심으로 부처님의 진실한 뜻을 알기를 서원한다.

부처님 법 만나기 어려운 이들

보통 "사람 몸 받기 어렵고 부처님 법 만나기 어렵다."고 한다. 사람 몸 받기 어려운 것을 「맹구경(盲龜經)」(『잡아함경』)에서는 '눈먼 거북이'로 비유한다. 눈먼 거북이가 백 년에 한 번씩 물 밖으로 고개를 내민다. 이때 거북이가 바다에 떠다니는 판자 구멍으로 고개를 내미는 것보다 사람 몸 받기가 더 어렵다.

부처님 법 만나기는 더 어렵다. '백천만겁난조우(백천만겁 지나도 만나기 어렵다)'다. 그런데 마음을 내지 않아서 만나지 못하는 이들도 있다. 여덟 가지 경우인 팔난(八難)이 있다.

우선 지옥, 아귀, 축생 등 세 경우다. 이들은 고통이 심해 부처님을 뵙거나 부처님 가르침을 듣고자 하는 마음을 일으키기 힘들다. 넷째는 목숨이 긴 하늘 중생[장수천]이다. 하늘 중생은 수명이 길고 편안하여 굳이 도를 구하고자 하는 마음을 내지 않는다. 다섯째는 북구로주에 사는 경우다. 경전에 의하면, 세상은 수미산을 중심으로 8개의 바다와 8개의 산이 나이테 모양으로 둘러싸고 있는데, 마지막 바다에 동남서북 각각 하나의 대륙이 있다. 우리가 사는 대륙이 남섬부주고, 북쪽 대륙이 북구로주다. 북구로주가 네 대륙 중 가장 수명도 길고 살기 좋다. 따라서 북구로주 중생은 그 생활에 빠져 수행하고자 하는 마음을 내기 어렵다. 여섯째는 눈이 멀고, 귀가 먹고, 말을 못하고, 알아듣지 못하기 때문에 부처님을 뵙거나 가르침을 듣기 힘든 경우다. 일곱째는 세속 지식이 너무 많은 경우다. 아는 것이 너무 많아 그릇된 견해에 빠져 바른 가르침을 받아들이려고 하지 않는다. 여덟째는 부처님이 계시지 않을 때다.

이렇듯 어떤 중생은 괴로워서, 어떤 중생은 그 삶에 취해서, 어떤 중생은 장애가 있어서, 어떤 중생은 너무 잘나서, 어떤 중생은 부처님이 계시지 않아서 부처님과 부처님 가르침을 만나기 어렵다. 그런데 생각해 보면, 주어진 환경에 빠져서 만나기 어렵지 결코 만날 수 없는 것은 아니다.

부처님 법 만나기 어려운 여덟 가지 경우

①지옥, ②아귀, ③축생 : 고통이 심해 부처님을 뵙거나 부처님 가르침을 듣고자 하는 마음을 일으키기 힘듦

④ 목숨이 긴 하늘 중생[장수천] : 수명이 길고 편안하며 굳이 도를 구하고자 하는 마음을 내지 않음

⑤ 북구로주 중생 : 가장 수명도 길고 살기 좋음. 그 생활에 빠져 수행하고자 하는 마음을 내기 어려움

⑥ 몸과 마음에 장애가 있는 경우

⑦ 세속 지식이 너무 많은 경우

⑧ 부처님이 계시지 않을 때

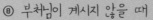

부처님 법 만나기보다 더 어려운 일

"사람이 악도를 벗어나 사람으로 태어나기가 어렵다. 이미 사람으로 태어나더라도 … 부처님 세상에 태어나기 어렵다. 이미 부처님 세상에 태어났어도 가르침〔도(道)〕를 만나기 어렵다. 이미 가르침을 만났더라도 신심을 내기 어렵다. 이미 신심을 일으켰더라도 깨닫고자 하는 마음〔보리심(菩提心)〕을 일으키기가 어렵다. 이미 깨닫고자 하는 마음을 일으켰더라도 닦을 것도 없고 증득할 것도 없는 곳〔무수무증(無修無證)〕에 나아가기 어렵다."　　　　　　　　　　　　　－『사십이장경』

어렵고 어려운 일 가운데, 부처님 법을 만났다. 부처님 나라에 태어나지도 않은 상황에서 부처님 법을 만나 이렇게 『천수경』을 공부하니, 진짜 대단한 일이다. 보통 사건이 아니다. 우리 인식으로 이해되지 않는 일이 일어날 때 '신기하다'고 한다. 생각해 보면, 이렇게 부처님 법으로 모여 있다는 사실만큼 신기한 일은 없다. 우담바라가 핀 것보다도 더, 꽃비가 내리는 것보다도 더 신기하다.

　부처님 가르침을 만난 것보다 더 어려운 일을 해야 한다. 그것이 바로 '아금문견득수지(지금 제가 그 법을 듣고 보고 받아 지녔으니)'다. 부처님 법을 듣고 보고 받아 지니기 위해서는 믿음이 있어야 한다. 믿음이 없다면, 아예 듣지를 않거나 한쪽 귀로 듣고 한쪽 귀로 흘려 버린다.

　이러한 믿음을 지녔다면 이제 더 어려운 일을 해야 한다. 바로 깨닫고자 하는 마음, 보리심을 내어야 한다. 보리심은 부처님 가르침을 이해하고 실천하여 깨달음으로 나아가고자 하는 마음이다. 그것이 바로 '원해여래진실의(부처님의 진실한 뜻을 알기를 원합니다)'다.

　부처님 법을 만난 이는 반드시 신심과 보리심을 가져야 한다. 따라서 〈개경게〉는 어떠한 마음으로 독송해야 하는지 일깨워 준다.

부처님 법 만나기보다 더 어려운 일

사람이 악도를 벗어나 사람으로 태어나기가 어렵다.

이미 사람으로 태어나더라도 … 부처님 세상에 태어나기 어렵다.

이미 부처님 세상에 태어났어도 가르침[도(道)]을 만나기 어렵다.

이미 가르침을 만났더라도 신심을 내기 어렵다.

이미 신심을 일으켰더라도 깨닫고자 하는 마음[보리심(菩提心)]을 일으키기가 어렵다.

이미 깨닫고자 하는 마음을 일으켰더라도 닦을 것도 없고 증득할 것도 없는 곳[무수무증(無修無證)]에 나아가기 어렵다. 「사십이장경」

부처님 세상에 태어났어도 가르침을 만나기 어렵습니다.

믿음과 지혜

불자에게 믿음은 중요하다. 경전을 수지독송할 때 믿음이 전제되어야 한다. 믿음의 성품은 맑고 깨끗하여 마니보주〔여의주, 수정주(水精珠)〕가 흐린 물을 깨끗하게 하듯이 마음을 깨끗하게 한다. 마니보주에는 불행·재난을 없애주고 흐린 물을 깨끗하게 하는 힘이 있다. 흐린 물에 마니보주를 넣으면, 물이 깨끗하게 된다. 마찬가지로 우리 마음에 믿음이 있으면, 마음이 깨끗하게 된다. 『화엄경』에서는 다음과 같이 노래한다.

> 믿음은 도의 근본, 공덕의 어머니 　　신위도원공덕모(信爲道元功德母)
> 모든 착한 법을 길러내며 　　　　　장양일체제선법(長養一切諸善法)
> 의심의 그물 끊고 애욕의 물결 벗어나 단제의망출애류(斷除疑網出愛流)
> 열반의 위없는 도 열어 보이네 　　개시열반무상도(開示涅槃無上道)

경전 첫머리는 '이와 같이(如是)'라고 시작한다. 부처님 가르침의 바다에는 믿음으로 능히 들어가고 지혜로 능히 건넌다. '이와 같이'는 곧 믿음이다. 믿음이 없는 자는 경을 보아도 자신의 알음알이로 글자만 보일 뿐이다.

믿음 못지않게 지혜가 중요하다. 불보살님들은 "대개 믿음은 도의 근본이요 공덕의 어머니이며, 지혜는 세상을 벗어나는 해탈의 기초이다. 믿음이 없으면 가벼운 배에 오를 수 없고, 지혜가 없으면 미세한 의혹을 끊을 수 없다."고 말씀하신다.

> "만일 사람이 신심은 있으나 지혜가 없으면 이 사람은 무명을 키우고, 지혜는 있으나 신심이 없으면 이 사람은 그릇된 소견을 키우게 된다."　　　　－『열반경』

믿음과 지혜

믿음은 도의 근본, 공덕의 어머니
모든 착한 법을 길러내며
의심의 그물 끊고 애욕 물결 벗어나
열반의 위없는 도 열어 보이네.
『화엄경』

만일 사람이 신심은 있으나 지혜가 없으면 이 사람은 무명을 키우고,
지혜는 있으나 신심이 없으면 이 사람은 그릇된 소견을 키우게 된다.
『열반경』

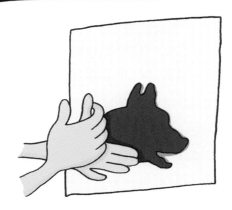

발보리심, 깨닫고자 하는 마음으로

불자는 모름지기 신심을 바탕으로 발심(發心)하여야 한다.

부처님 법과 함께 한다는 것이 어렵고 어려운 일이기에, 불교에 처음 발을 들인 것을, 부처님 가르침에 처음 마음을 낸 것을 '초심'이니 '발심'이니 '초발심'이니 한다. 그리고 '발심하셨네요', '마음 내셨네요' 하며 함께 기뻐한다. '발심'이라는 말을 듣고 큰 힘을 받기도 한다.

더욱 힘을 주는 말씀이 '초발심시변정각(初發心是便正覺)'이다. '처음 마음을 일으킬 때가 문득 깨달을 때'라는 뜻이다. '처음 마음을 일으킬 때'를 가끔 '처음 불교에 발을 들어놓았을 때'로 이해한다. 이 이야기를 듣고 기분이 좋으면서도 한편으로 이해하기 힘들다. '발을 들어놓는 순간이 깨달은 순간이라니?'

그런데 발심은 발보리심의 준말이다. 보리심은 깨닫고자 하는 마음, 보살도를 행하며 살고자 하는 마음이다. 이 마음을 내기란 쉽지 않다. 『사십이장경』에서도 "부처님 가르침 만나기보다 신심 내기가 더 어렵고, 신심 내기보다 보리심을 일으키기가 더 어렵다."고 하였다. 과연 깨닫겠다는 마음으로 신행 생활하는지.

만나기 어려운 부처님 법에 들어왔지만, 발보리심은 자기의 일이 아니라고 보통 여긴다. '감히 우리 같은 중생이 무슨 깨달음을', '어느 세월에 우리 같은 중생이 깨달음을 얻겠는가.' 이처럼 대부분은 중생이라는 중생상 때문에, 또는 그로 인한 퇴굴심(退屈心) 때문에 선뜻 발보리심하지 못한다.

'신심보다 어려운 것이 발보리심'이라고 했듯이 쉽지 않다. 이러저러한 이유로 야기된 중생상과 퇴굴심 때문에 스스로 발보리심을 멀리한다. 그러나 지금부터 그러한 중생상과 퇴굴심을 내려놓고, 불보살님의 가피가 함께한다는 믿음을 가지고 보리심을 일으켜야 한다. 그 마음을 "원해여래진실의(부처님의 진실한 뜻을 알기를 원합니다)"라는 구절에 담고 경전을 펼친다.

발보리심

- 불자는 모름지기 신심을 바탕으로 발심(發心) 필요
- 발심은 발보리심의 준말
- 보리심은 깨닫고자 하는 마음, 보살도를 행하며 살고자 하는 마음
- 지금부터 중생상과 퇴굴심을 내려놓고, 불보살님의 가피가 함께한다는 믿음을 가지고 보리심을 일으켜야 한다.

∴ 발보리심을 '원해여래진실의(부처님의 진실한 뜻을 알기를 원합니다)'라는 구절에 담고 경전을 펼친다.

경전을 여는 진언

〈개법장진언〉 옴 아라남 아라다 (3편)

〈개법장진언開法藏眞言〉은 법장을 여는 진언이다. 법장은 법의 창고, 진리의 창고, 경전 등으로 풀이한다. 따라서 경전을 여는 진언, 진리의 창고를 여는 진언이다.

　앞 〈개경게〉로써 경을 여는 의례를 했는데, 지금 〈개법장진언〉으로써 법장, 즉 경을 여는 의례를 또 한다. 〈개경게〉에서는 경을 열기 전에 부처님 법에 대한 찬탄과 부처님 법을 알고자 하는 바람을 담았다면, 〈개법장진언〉에서는 경을 여는 순간 진리를 통달하리라는 확신과 다짐하는 마음을 담는다.

　'개법장(법장을 연다)'의 의미를 살펴보자. 앞 '무상심심미묘법'에서 법은 부처님이 깨달으신 진리, 부처님 가르침 등을 말한다고 하였다. 진리(법)를 설명하는 부처님 말씀이 가르침(법)이고, 이 가르침은 경전에 담겨 있다. 법장을 가르침의 창고, 경전이라고 한다면, '개법장'은 가르침의 창고, 경전을 펼친다는 뜻이다. 또 법장을 진리의 창고라고 한다. 진리는 진여(眞如)를 쉽게 풀이한 말이다. 진여는 '모두 참되고(진) 차별 없이 늘 항상하다(여).'는 뜻이다. '참되다'는 거짓 없이 청정하다는 뜻이고, '차별 없이 늘 항상하다'는 버릴 것 없이 모두 소중하다는 뜻이다. 부처님 마음이 그렇다. 진여는 부처님 마음, 부처님 성품 그 자체이기에 불성(佛性)이라 한다. 부처님 성품은 마음에 간직되어 있기에 여래장(如來藏)이라 한다. 진리의 몸을 여래법신(如來法身), 법신(法身)이라 한다. 진여, 불성, 여래장, 법신 등은 진리 세계, 부처님 세계를 다르게 표현한 말이다.

　법장이 진리의 창고라면, 법장은 불성, 여래장, 법신 등과 같은 뜻이다. 이때 '개법장'은 진여, 불성, 여래장, 법신을 열어 보인다는 뜻이다. 부처님 세계(진여)를 연다는 뜻이고, 부처님 성품(불성)을 연다는 뜻이고, 여래께서 간직한 공덕(여래장)을 연다는 뜻이고, 진리 그 자체인 법신불을 친견한다는 뜻이다.

개법장진언

옴 아라남 아라다

법장은 법의 창고, 진리의 창고, 경전 등으로 풀이
→ 경전을 여는 진언, 진리의 창고를 여는 진언

<개경게> : 부처님 법에 대한 찬탄과 부처님 법을 알고자 하는 바람
<개법장진언> : 경을 여는 순간 진리를 통달하리라는 확신과 다짐하는 마음

'개법장'의 의미
부처님 세계(진예)를 연다는 뜻
부처님 성품(불성)을 연다는 뜻
여래께서 간직한 공덕(여래장)을 연다
진리 그 자체인 법신불을 친견한다는 뜻

〈천수천안관자재보살 광대원만무애대비심 대다라니〉

『천수경』의 중심은 〈천수천안관자재보살 광대원만무애대비심 대다라니〉라는
경이다. 이 경은 『천수천안관세음보살광대원만무애대비심다라니경』(가범달마 스님
역), 『천수천안관세음보살대비심다라니』(불공 스님 역) 등의 주요 내용을 편집하였
다. 주요 내용을 살펴보면 다음과 같다.

   ① 경 제목 : 천수천안관자재보살 광대원만무애대비심 대다라니
   ② 계수문(稽首文) : 계수관음대비주 … 소원종심실원만
   ③ 십원문(十願文) : 나무대비관세음 … 원아조동법성신
   ④ 육향문(六向文) : 아약향도산 … 자득대지혜
   ⑤ 별귀의(別歸依) : 나무관세음보살마하살 … 나무본사아미타불
   ⑥ 신묘장구대다라니

   〈계수문〉은 관세음보살의 공덕을 칭송하며 머리 숙여〔稽首〕예를 올리는 게송
이다. 〈십원문〉은 관세음보살께 귀의하며 열 가지 서원을 세우는 게송이다. 〈육
향문〉은 법성신(法性身)으로 여섯 중생에게 향하여 고통을 없애 주는 공덕을 서원
한 게송이다. 〈십원문〉과 〈육향문〉은 발원이다. 〈사홍서원〉이 총원(總願)이라면,
이는 별원(別願)이다. 〈삼귀의〉가 총귀의라면, 관세음보살 및 아미타부처님에게
각각 귀의하였기에 별귀의다.
   경의 내용은 우선 두 부분으로 나눈다. 〈신묘장구대다라니〉와 나머지 부분이
다. 이 나머지 부분을 〈계청〉 항목으로 구분한다. 또는 〈별귀의〉를 제외하고 〈계
수문〉, 〈십원문〉, 〈육향문〉을 〈계청〉 항목으로 본다. 이때 〈별귀의〉는 별도 항목
이 된다.
   〈계수문〉은 가범달마 스님 역에는 없고, 불공 스님 역에 있는 게송이다.

〈천수천안관자재보살 광대원만무애대비심 대다라니〉의 구성

전체 구성

① 경 제목 : 천수천안관자재보살 광대원만무애대비심 대다라니

② 계수문(稽首文) : 계수관음대비주 … 소원종심실원만

③ 십원문(十願文) : 나무대비관세음 … 원아조동법성신

④ 육향문(六向文) : 아약향도산 … 자득대지혜

⑤ 별귀의(別歸依) : 나무관세음보살마하살 … 나무본사아미타불

⑥ 신묘장구대다라니

두 부분으로 나누는 경우

②~⑤ : 계청(경전 열기를 청함)

⑥ 〈신묘장구대다라니〉

세 부분으로 나누는 경우

②~④ : 계청(경전 열기를 청함)

⑤ 별귀의

⑥ 〈신묘장구대다라니〉

경전 열기를 청함

〈천수천안관자재보살 광대원만무애대비심 대다라니 계청〉

千手千眼觀自在菩薩 廣大圓滿無碍大悲心 大陀羅尼 啓請

경을 여는 의례를 마치고, 이제 경을 독송한다. 경 이름부터 독송한다.

〈천수천안관자재보살 광대원만무애대비심 대다라니〉는 경 이름에 해당한다. 그런데 『천수경』의 바탕이 된 경 이름은 『천수천안관세음보살광대원만무애대비심다라니경』, 『천수천안관세음보살대비심다라니』 등이다. 번역한 경전 이름의 유사성으로 인해 『천수경』 편집 과정에서 경 이름이 변화하였다. 그리고 〈… 대다라니〉 다음에 '경'이라는 글자를 붙이지 않은 것은 '다라니' 전달에 중점을 두었기 때문이다.

'계청(啓請)'은 경전 열기를 청한다는 뜻이다. 여기에 몇 가지 견해가 있다.

첫째, 계청을 〈천수천안관자재보살 광대원만무애대비심 대다라니 계청〉처럼 경 이름과 함께 붙여서 『천수경』 가운데 한 항목의 제목으로 본다. 이때 뜻은 '천수천안관자재보살 광대원만무애대비심 대다라니를 열어주기를 청합니다.'다.

둘째, 계청을 별도의 항목 제목으로 본다. 즉 〈계청〉은 〈신묘장구대다라니〉를 외우기 전 우리의 서원을 드러내 보이는 부분이다. 바로 이어지는 '계수관음대비주'에서 '나무본사아미타불'까지다. 가범달마 스님 역, 불공 스님 역에는 다라니를 외우기 전에 '계수관음대비주 …', '나무대비관세음 원아속지일체법 …', '아약향도산 …' 등을 발원하고, 관세음보살과 아미타여래의 명호를 생각하라고 한다. 따라서 이 부분을 〈계청〉 항목으로 분류한다.

셋째, 계청은 경전 열기를 청한다는 뜻으로 경전 글이 아니다. 계청은 괄호 안에 쓰고 원칙적으로 읽지 않아야 하는데 현재 관습상 읽고 있다고 한다.

계청(啓請) 역할에 대한 견해

1) 경전 이름과 붙은 제목으로 봄.
→ 〈천수천안관자재보살 광대원만무애대비심 대다라니 계청〉
'천수천안관자재보살 광대원만무애대비심 대다라니를 열어주기를 청합니다.'

2) 별도의 항목 제목으로 봄.
→ 대다라니를 외우기 전 서원을 드러내 보이는
'계수관음대비주 ~ 나무본사아미타불' 부분의 제목

3) 계청은 경전 열기를 청한다는 뜻으로 경전 글이 아니다.
→ 계청은 괄호 안에 쓰고 원칙적으로 읽지 않아야 하는데 현재 관습상 읽고
있음.

〈천수천안관자재보살 광대원만무애대비심 대다라니〉경 이름 풀이

범어 아바로키테쉬바라(Avalokiteśvara)를 관세음보살 또는 관자재보살이라고 번역한다. '세상의 소리(세음)를 다 살펴보기(관)'에 관세음보살, '지혜로 살펴봄으로써 (관) 자재로운(자재) 묘한 결과를 얻은 이' 또는 '살펴봄에(관) 자재하기(자재)'에 관자재보살이다. 줄여서 관음보살이다. 관음보살을 지칭하는 여러 이름이 있다. 천수천안관자재보살도 그 가운데 하나다.

천수천안(千手千眼)은 천 개의 손과 천 개의 눈을 말한다. 천 개의 눈은 중생을 살펴보는 지혜를 말하고, 천 개의 손은 중생의 고통을 해결하는 다양한 방편을 말한다. 그림이나 불상에 실제 천 개의 눈과 천 개의 손을 그리거나 조성하기도 한다. 하지만 천(千)은 천이라는 숫자가 아니라 많은 수를 나타낸다.

부처님을 양족존(兩足尊)이라고 한다. 족(足)은 '갖추다, 구족하다'는 뜻이다. 즉 양족존은 두 가지(兩)를 갖추신(足) 분(尊)이다. 두 가지는 지혜와 방편, 또는 지혜와 자비, 또는 지혜와 복덕이다. 한쪽은 지혜이고, 다른 한쪽은 중생에게 다가가는 방편, 자비, 복덕이다. 불보살님이 중생과 함께하려면 지혜를 바탕으로 방편, 자비, 복덕이 필요하다. 관자재보살도 그러하기에 '천수천안관자재보살'이라고 한다.

대자대비 관세음보살, 줄여서 대비 관세음보살이다. 자(慈)는 사랑을 뜻한다. 상대방이 너무도 예뻐 보이고 사랑스러워 즐거움을 주고자 하는(여락(與樂)) 의미다. 비(悲)는 연민을 뜻한다. 상대방이 너무도 가여워서 그들의 괴로움을 뽑아 없애 주고자 하는(발고(拔苦)) 의미다. 여락발고(與樂拔苦)가 자비의 뜻이다. 그러한 자비심이 넓고 크고 원만하며 장애가 없기에 '광대원만무애대비심'이다.

'대다라니'는 〈신묘장구대다라니〉를 말한다. 이 다라니가 곧 관세음보살의 대비심이다. 그러므로 '천수천안관재보살의 넓고 크고 원만하며 장애 없는 대비심인 대다라니'다.

〈천수천안관자재보살 광대원만무애대비심 대다라니〉경 이름 풀이

'천수천안관재보살의 넓고 크고 원만하며 장애 없는 대비심인 대다라니'

관자재보살
- 범어 아바로키테쉬바라(Avalokiteśvara)를 관세음보살, 관자재보살로 번역
- 관세음보살 : 세상의 소리(세음)를 다 살펴보기(관)
- 관자재보살 : 지혜로 살펴봄으로써(관) 자재로운(자재) 묘한 결과를 얻은 이, 살펴봄에(관) 자재하기(자재)

천수천안(千手千眼)
- 천 개의 손과 천 개의 눈
- 천 개의 눈은 중생을 살펴보는 지혜
- 천 개의 손은 중생의 고통을 해결하는 다양한 방편
- 천(千)은 천이라는 숫자가 아니라 많은 수
- 중생 구제를 위해 지혜와 방편이 필요

광대원만무애대비심
- 자비심이 넓고 크고 원만하며 장애가 없음.
- 자(慈)는 사랑. 너무도 사랑스러워 즐거움을 줌.[여락(與樂)]
- 비(悲)는 연민. 너무도 가여워서 괴로움을 뽑아 없앰.[발고(拔苦)]

머리 숙여 예를 올리는 게송

계수관음대비주	稽首觀音大悲主	원력홍심상호신	願力弘深相好身
천비장엄보호지	千臂莊嚴普護持	천안광명변관조	千眼光明遍觀照
진실어중선밀어	眞實語中宣密語	무위심내기비심	無爲心內起悲心
속령만족제희구	速令滿足諸希求	영사멸제제죄업	永使滅除諸罪業
천룡중성동자호	天龍衆聖同慈護	백천삼매돈훈수	百千三昧頓熏修
수지신시광명당	受持身是光明幢	수지심시신통장	受持心是神通藏
세척진로원제해	洗滌塵勞願濟海	초증보리방편문	超證菩提方便門
아금칭송서귀의	我今稱誦誓歸依	소원종심실원만	所願從心悉圓滿

『천수경』에는 '계수문(稽首文)'이라는 제목이 없다. 여기에는 이해를 돕고자 게송 앞에 '계수문'이라는 제목을 붙였다. 〈계수문〉은 관세음보살의 공덕을 칭송하며 머리 숙여〔계수(稽首)〕예를 올리는 게송이다. 총 4게송(16구)이다.

제1 게송은 관세음보살에게 예를 올리며, 관세음보살의 공덕을 찬탄한다.

제2 게송은 관세음보살의 중생에 대한 자비심을 찬탄한다.

제3 게송은 〈신묘장구대다라니〉를 지닐 때 얻는 공덕을 찬탄한다.

제4 게송은 발원하며 대다라니에 귀의를 다짐한다.

〈계수문(稽首文)〉

자비하신 관세음보살님께 머리 숙여 예를 올립니다.

원력이 넓고 깊으며, 원만한 상호를 갖추시네.

천 개의 팔로 장엄하여 중생을 널리 보호하여 주시고

천 개의 눈으로 광명을 비춰 세상을 두루 살펴 주시네.

진실한 말씀 가운데 비밀스러운 말을 펴시고

무위심 가운데 대비심을 내시네.

모든 바라는 바를 속히 만족하게 해주시고

모든 죄업을 영원히 없애 주시네.

천신과 용 등의 신중, 성인이 자비로써 보호하여 주고

백천 가지 온갖 삼매를 한순간에 닦네.

대다라니를 지닌 몸은 광명의 깃발이고

대다라니를 지닌 마음은 신통의 창고네.

모든 번뇌를 씻어내고 괴로움의 바다를 건너고자

깨달음의 방편문을 빨리 얻기를 원하니

제가 지금 대다라니를 칭송하고 귀의하고자 맹세하니

원하는 바가 마음 따라 모두 원만해지네.

> 계수문은 관세음보살의 공덕을 칭송하며
> 머리 숙여[계수(稽首)] 예를 올리는 게송입니다.

〈계수문〉 제1 게송

제1 게송은 관세음보살에게 예를 올리며, 깊은 원력과 원만한 상호, 천 개의 팔과 천 개의 눈으로 중생을 제도하는 관세음보살의 공덕을 찬탄한다.

계수관음대비주(자비하신 관세음보살님께 머리 숙여 예를 올립니다.)__ 계수(稽首)는 머리를 땅에 대고 경례하는 예법으로 최상의 인사법이다. 정례(頂禮), 오체투지 등으로 부른다. 귀명(歸命)〔생명을 다하여 의지한다.〕의 뜻이다.

한역 경전(불공 스님 역)에는 대비주(大悲主)로 되어 있다. 대비주(大悲呪)로 된 의식집도 가끔 있다. 『천수경』은 대비주(大悲呪)인 〈신묘장구대다라니〉가 중심이기 때문이다. 경 제목에서 알 수 있듯이 이 대다라니는 관세음보살의 자비심을 나타낸다. 관세음보살과 대비주는 둘이 아니다. 이때는 "관세음보살의 대비주에 머리 숙여 예를 올립니다."로 풀이한다.

원력홍심상호신(관세음보살은 원력이 넓고 깊으며, 원만한 상호를 갖추시다.)__ 『법화경』「관세음보살보문품」에는 "관세음보살 원력은 바다처럼 깊다〔홍서심여해(弘誓深如海)〕."고 한다. 부처님의 신체 특징을 32상 80종호라 한다. 줄여서 상호라 한다. 이러한 부처님 모습을 '상호가 원만하시다.'고 한다. 관세음보살도 이러한 상호를 갖춘다. 또는 중생 제도를 위해 천수천안 등 상호가 다양하다.

천비장엄보호지(천 개의 팔로 장엄하여 중생을 널리 보호하여 주시다.)__ 천 개의 팔〔천비〕은 곧 천 개의 손〔천수〕이다. 딱 떨어진 천 개를 말하는 것이 아니다. 많은 수를 말한다. 즉 중생을 위한 다양한 방편이다.

천안광명변관조(천 개의 눈으로 광명을 비춰 세상을 두루 살펴 주시다.)__ 천안은 세상을 살펴보는 지혜를 말한다. 지혜로 살피고 방편으로 제도한다. 지혜와 방편은 함께한다. 지혜는 있는데 방편이 없으면 중생을 제도할 수 없고, 방편은 있는데 지혜가 없다면 중생을 제대로 제도할 수 없다. 관세음보살은 지혜의 눈으로 여러 중생을 살피고, 방편의 손으로 중생 근기에 맞게 제도한다.

〈계수문〉 제1 게송

제1 게송은 관세음보살에게 예를 올리며, 깊은 원력과 원만한 상호, 천 개의 팔과 천 개의 눈으로 중생을 제도하는 관세음보살의 공덕을 찬탄함.

계수관음대비주(자비하신 관세음보살님께 머리 숙여 예를 올립니다.)
계수(稽首)는 머리를 땅에 대고 경례하는 예법으로 최상의 인사법
대비주는 대비주(大悲主)[=관세음보살] 또는 대비주(大悲呪)[=대다라니]
→ 관세음보살과 대비주는 둘이 아님.

원력홍심상호신(관세음보살은 원력이 넓고 깊으며, 원만한 상호를 갖추시다.)
관세음보살 원력은 바다처럼 깊고, 중생 제도를 위해 상호 또한 다양함.

천비장엄보호지(천 개의 팔로 장엄하며 중생을 널리 보호하여 주시다.)
천비[천 개의 팔]는 천수[천 개의 손]
→ 중생을 위한 다양한 방편

천안광명변관조(천 개의 눈으로 광명을 비춰 세상을 두루 살펴 주시다.)
천안은 세상을 살펴보는 지혜
→ 지혜로 살피고 방편으로 제도

⟨계수문⟩ 제2 게송

제2 게송은 관세음보살의 중생에 대한 자비심을 찬탄한다. 관세음보살은 진실한 말씀 가운데 비밀스러운 말(다라니)을 펴고, 분별없는 마음 가운데 자비심을 내어, 중생의 바라는 바를 속히 만족하게 해 주고, 모든 죄업을 없애 준다.

진실어중선밀어(진실한 말씀 가운데 비밀스러운 말을 펴신다.)__ 나와 세상에 대한 집착과 편견을 내려놓을 때, 선입견으로 분별하는 마음이 없을 때가 진실한 말이다. 관세음보살의 가르침, 말씀이 바로 진실한 말씀이다. 그러한 진실한 말씀 가운데 ⟨신묘장구대다라니⟩라는 비밀스러운 말을 베푼다.

무위심내기비심(무위심 가운데 대비심을 내신다.)__ 무위심은 나 너, 이것 저것 등 분별하는 작용이 사라진 상태의 마음이다. 관세음보살은 모든 분별이 사라진 가운데 자비심을 일으킨다. 이를 무연대비 또는 무연자비(無緣慈悲)라고 한다. 좋은 이든, 나쁜 이든, 나를 좋아하든 싫어하든, 분별심 없이 베푸는 자비다. 따라서 관세음보살을 찾는 죄인에게도 자비를 베푼다.

속령만족제희구(모든 바라는 바를 속히 만족하게 해 주신다.)__ 바라는 바가 있으면 관세음보살에게 다가가야 한다. 대다라니는 바로 관세음보살의 대비심이다. 이 대다라니를 지송하면 바라는 바(희구)를 속히 이룰 수 있다. 바로 관세음보살의 대비심으로 인한 가피다. 내가 다가갈 때(감) 관세음보살은 속히 응해주신다(응). 감응이고 가피다.

영사멸제제죄업(모든 죄업을 영원히 없애 주신다.)__ 관세음보살의 대자비심은 지난 세월에 지은 죄업도 소멸시켜 준다. 자업자득. 자신의 업은 자신이 받는다. 지난 업을 없애기는 참으로 힘들다. 그러나 없앨 수 있다. 자신의 간절한 바람과 관세음보살의 대비심인 대다라니의 공덕이 함께한다면.

〈계수문〉 제2 게송

제2 게송은 관세음보살의 중생에 대한 자비심을 찬탄

진실어중선밀어(진실한 말씀 가운데 비밀스러운 말을 펴신다.)
― 집착과 편견을 내려놓을 때, 선입견이 없을 때가 진실한 말
― 관세음보살의 가르침, 말씀이 바로 진실한 말씀
― 진실한 말씀 가운데 〈신묘장구대다라니〉라는 비밀스러운 말을 베풂.

무위심내기비심(무위심 가운데 대비심을 내신다.)
― 분별하는 작용이 사라진 상태의 마음
관세음보살은 모든 분별이 사라진 가운데 자비심을 일으킴.
― 무연대비 또는 무연자비(無緣慈悲) : 좋은 이든, 나쁜 이든, 나를 좋아하든
싫어하든, 분별심 없이 베푸는 자비

속령만족제희구(모든 바라는 바를 속히 만족하게 해 주신다.)
내가 다가갈 때[감] 관세음보살은 속히 응해 주신다.[응].
― 감응이고 가피다.

영사멸제제죄업(모든 죄업을 영원히 없애 주신다.)
지난 업을 없애기는 참으로 힘들다. 그러나 없앨 수 있다.
자신의 간절한 바람과 관세음보살의 대비심인 대다라니의 공덕이 함께한다면.

〈계수문〉 제3 게송

제3 게송은 〈신묘장구대다라니〉를 지닐 때 얻는 공덕을 찬탄한다. 대다라니를 지니고 읽고 외우고 마음에 새기면, 천과 용의 신중과 성인들이 자비로써 보호하고, 많은 삼매를 한순간에 닦으며, 몸과 마음은 빛이 나고 신통력을 갖는다.

천룡중성동자호(천신과 용 등의 신중, 성인이 자비로써 보호하여 준다.)__ 대다라니를 지니면, 관세음보살만 감응하는 것은 아니다. 관세음보살을 존경하고 따르는 천신과 용 등의 신중들이 보호한다. 지혜를 얻은 성인(聖人)도 함께 자비로써 보호한다. 나를 감싸는 주위 사람과 주위 환경이 신중이고 성인이다.

백천삼매돈훈수(백천 가지 온갖 삼매를 한순간에 닦는다.)__ 삼매는 망상이 사라져서 흔들림 없는 집중된 마음 상태다. 얻는 능력에 따라 삼매는 다양하다. 『법화경』에는 해일체중생어언삼매(解一切衆生語言三昧: 모든 중생의 언어를 이해하는 삼매), 현일체색신삼매(現一切色身三昧: 모든 몸을 나타내는 삼매) 등이 있다. 대다라니를 지니면 백천 가지 삼매를 한순간에[頓] 닦는다.

수지신시광명당(대다라니를 지닌 몸은 광명의 깃발이다.)__ 대다라니를 지녔다는 말은, 대다라니를 몸에 지니고 있거나, 입으로 읽고 외우거나, 마음에 새기거나 하는 등이다. 그때 자비심이 함께하고 삿된 마음이 없으니 몸은 빛을 낸다. 무명의 어둠에서 벗어나 지혜 광명으로 주변을 밝게 한다.

수지심시신통장(대다라니를 지닌 마음은 신통의 창고다.)__ 대다라니의 대자비심으로 모든 번뇌 망상을 내려놓는다. 구름이 걷히면 해가 그대로 드러나듯이, 번뇌 망상을 내려놓으면, 마음 창고에서 모든 능력이 저절로 드러난다. 마음은 신통의 창고다. 신통은 나와 이웃을 위해 저절로 드러난다. 육신통뿐만 아니라 평소 하지 않은 이웃에 대한 작은 친절이 바로 신통이다.

〈계수문〉 제3 게송

제3 게송은 〈신묘장구대다라니〉를 지닐 때 얻는 공덕을 찬탄

천룡중성동자호(천신과 용 등의 신중, 성인이 자비로써 보호하여 준다.)
나를 감싸는 주위 사람과 주위 환경이 신중이고 성인이다.

백천삼매돈훈수(백천 가지 온갖 삼매를 한순간에 닦는다.)
삼매는 망상이 사라져서 흔들림 없는 집중된 마음 상태
대다라니를 지니면 백천 가지 삼매를 한순간에[頓] 닦는다.

수자신시광명당(대다라니를 지닌 몸은 광명의 깃발이다.)
대다라니를 지니면,
무명의 어둠에서 벗어나 지혜 광명으로 주변을 밝게 한다.

수자심시신통장(대다라니를 지닌 마음은 신통의 창고다.)
대다라니를 지니면, 신통은 나와 이웃을 위해 저절로 드러난다

육신통 : 신족통(멀리 가는 능력), 천안통(미래 또는 멀리 보는 능력),
천이통(어떤 소리도 듣는 능력), 타심통(마음을 아는 능력), 숙명통(과거를
아는 능력), 누진통(번뇌를 다한 능력)

〈계수문〉 제4 게송

제4 게송은 발원하며 대다라니에 귀의를 다짐한다. 모든 번뇌를 씻어내고 고통의 바다를 건너고자 깨달음의 방편을 얻기를 발원한다. 그리고 지금 대다라니를 칭송하고 귀의를 다짐하니, 원하는 것을 뜻하는 대로 모두 얻는다.

세척진로원제해(모든 번뇌를 씻어내고 괴로움의 바다를 건너고자)＿ 진로(塵勞)는 번뇌다. 번뇌의 으뜸은 무명〔어리석음〕이다. 무명으로 온갖 업을 짓고, 업으로 괴로워한다. 번뇌를 없애야 괴로움의 바다에서 벗어날 수 있다.

초증보리방편문(깨달음의 방편문을 빨리 얻기를 원하니)＿ '원하니'는 앞 구절 '원제해'의 원(願)을 풀이하였다. '보리'는 깨달음이다. 괴로움의 바다를 건너기 위해서는 깨달음으로 가는 수행이 필요하다. 수행이 곧 방편이다. 방편은 곧 문(門)이다. 방편이라는 문을 통해서 나간다. 그래서 방편문이다. 대다라니는 깨달음의 방편문을 빨리〔초(超)〕 얻게 하는 공덕(힘)이 있다. 대다라니의 지혜를 실천하면, 궁극의 깨달음, 아뇩다라삼먁삼보리에 이르는 길을 성취한다.

아금칭송서귀의(제가 지금 대다라니를 칭송하고 귀의하고자 맹세하니)＿ 서원을 세우고서 지금 대다라니를 칭송하고 관세음보살에게 귀의한다. 대다라니가 바로 관세음보살이다. 관세음보살을 칭송하고 대다라니에 귀의한다. '지금'이다. 우리의 귀의는 늘 지금이다. 늘 지금 칭송하고 귀의한다.

소원종심실원만(원하는 바가 마음 따라 모두 원만해진다.)＿ 그 의지가 간절하고 늘 지금 대다라니를 칭송하고 외운다면, 원하는 것을 뜻하는 대로 모두 이룬다. '종심(從心)'을 '마음으로부터'라고 풀이하면, 마음의 창고에서 모든 힘이 저절로 흘러나와 원하는 일마다 모두 이룬다는 뜻이다. 이 게송 구절은, 바라는 마음이 아니라 확신을 나타낸다. 늘 지금 귀의하니, 늘 지금 이룬다.

〈계수문〉 제4 게송

제4 게송은 발원하며 대다라니에 귀의를 다짐.

세척진로원제해(모든 번뇌를 씻어내고 괴로움의 바다를 건너고자)
진로(塵勞)는 번뇌, 번뇌의 으뜸은 무명[어리석음]
번뇌를 없애야 괴로움의 바다에서 벗어날 수 있다.

초증보리방편문(깨달음의 방편문을 빨리 얻기를 원하니)
보리는 깨달음, 방편은 수행
괴로움의 바다를 건너기 위해서는 깨달음으로 가는 수행이 필요

아금칭송서귀의(제가 지금 대다라니를 칭송하고 귀의하고자 맹세하니)
대다라니가 바로 관세음보살
관세음보살을 칭송하고 대다라니에 귀의
귀의는 늘 지금. 늘 지금 칭송하고 귀의한다.

소원종심실원만(원하는 바가 마음 따라 모두 원만해진다.)
지금 대다라니를 칭송하고 외운다면, 원하는 것을 뜻하는 대로 모두 이룬다.

관세음보살이라 불리는 이유

무진의보살이 부처님께 여쭈었다.

"세존이시여, 관세음(觀世音)보살은 무슨 인연으로 관세음이라고 이름합니까?"

부처님께서 말씀하셨다.

"선남자야, 만일 한량없는 백천만억 중생이 여러 가지 고뇌를 받을 때 이 관세음 보살의 공덕을 듣고 일심으로 이름을 부르면, 관세음보살이 즉시 그 음성을 살펴서 모두 벗어나게 한다."

- 『법화경』 「관세음보살보문품」

관세음보살은 가피를 바라는 중생의 음성〔세음〕을 살펴서〔관〕 모든 고통을 벗어나 게 해 주기 때문에 관세음이라고 한다.

관세음(觀世音)이란 '세상의 소리를 관한다〔보다〕'는 뜻이다. 소리를 '듣는다 〔문(聞)〕'고 하지 않고 '관한다〔보다〕'고 하는 이유는 무엇일까. 보살과 중생이 둘이 아니고, 바른 본성을 끝까지 비추어 보고, 그 근본〔本〕과 말단〔末〕을 살피기 때문 에 '관'이라 한다. 관이란 단순하게 '보다'라는 뜻이 아니다. 지혜다. 그러므로 '살 피다', '비추어 보다' 등으로 번역하기도 한다. '세음'은 관하는 대상, 제도할 대 상을 말한다. 모든 대상이 서로 다르고 각기 다르게 소리치지만 모두 함께 불보 살님의 가피를 입고 고난에서 벗어난다. 관세음보살의 넓은 자비는 일시에 널리 구하여 모두 벗어나게 한다. 그러므로 관세음이라고 한다.

중생이 관세음보살의 이름을 부르면서 다가온다. 이를 감(感)이라고 한다. 관 세음보살은 그 음성을 살펴서 모두 모든 고통을 벗어나게 한다. 이를 응(應)이라 고 한다. 감응(感應), 또는 가피는 그렇게 받는다.

관세음보살이라 불리는 이유

무진의보살이 부처님께 여쭈었다.

세존이시여, 관세음(觀世音)보살은 무슨 인연으로 관세음이라고 이름합니까?

선남자야, 만일 한량없는 백천만억 중생이 여러 가지 고뇌를 받을 때 이 관세음보살의 공덕을 듣고 일심으로 이름을 부르면, 관세음보살이 즉시 그 음성을 살펴서 모두 벗어나게 한다.

『법화경』「관세음보살보문품」

관세음보살의 모습, 상호

『관무량수경』에는 관세음보살의 상호(相好), 즉 신체 특징을 언급한다. 대략 그 내용을 정리하면 이렇다.

우선 키는 80만억 나유타 유순이다. 참고로, '나유타'는 '천만' 또는 '천억'을 뜻하는 숫자 단위다. '유순'은 소가 멍에를 하고 하루 동안 갈 수 있는 거리에 해당하는 거리 단위다. 보통 7km~16km로 계산한다.

몸은 붉은빛이 도는 금색(자금색)이다. 정수리는 상투처럼 솟은 모양(육계)이고, 둥근 광명이 머리를 둘러싼다. 그리고 오도(지옥, 아귀, 축생, 인간, 천) 중생을 나타내는 광명이 온몸을 둘러싼다.

마니보주로 된 천관(보관)을 쓰고 있다. 천관 속에는 부처님이 계신다. 자금색의 얼굴빛, 8만4천 가지 빛을 내는 칠보의 빛깔을 가진 백호가 있다. 백호(白毫)는 미간에 있는 하얀 털을 말한다. 그 백호 광명 속에는 여러 불보살님이 계신다. 목에는 80억 광명으로 된 영락 목걸이가 있다.

손바닥은 500억 가지 연꽃 빛을 띠고, 손가락에는 8만4천 그림이 새겨져 있다. 발에는 천 개의 바큇살로 된 바퀴 모양이 있다. 등등.

탱화나 법당에 모신 관세음보살을 보면 화려하다. 이는 경전에 묘사된 관세음보살의 신체 특징을 나타내고자 하였기 때문이다. 특히 경전 내용에 따라 관세음보살의 보관을 보면 부처님이 계신다.

이 관세음보살의 신체 특징은 관세음보살의 공덕을 나타낸다. 이 공덕은 중생제도를 위한 보살의 능력이다. 그러한 능력을 중생이 생각할 수 있게끔 여러 가지 신체 특징으로 나타낸다.

그런데 관세음보살은 꼭 이와 같은 모습만 지닌 게 아니다. 천수관음, 십일면관음 등의 6관음 또는 33응신처럼 각 중생에게 맞는 다양한 모습으로 나타난다.

관세음보살의 모습, 상호(相好)

- 경전에 나타난 관세음보살의 신체 특징은 관세음보살의 공덕을 나타낸다.
- 이 공덕은 중생 제도를 위한 보살의 능력이다.
- 그러한 능력을 중생이 생각할 수 있게끔 여러 가지 신체 특징으로 나타낸다.
- 천수관음, 십일면관음 등의 6관음 또는 33응신처럼 각 중생에게 맞는 다양한 모습으로 나타난다.

천룡팔부와 신장

천룡팔부는 하늘, 용, 야차, 건달바, 아수라, 가루나, 마후라가 등이다. 신통한 능력을 지녔기에 신(神)이라 한다. 이들 가운데 불법을 지키는 호법신중이 있다. 혹은 불보살님이 중생을 제도하기 위해 나타나는 화현신중이 있다.

① 하늘(천)은 사천왕천, 제석천, 범천 등의 천신(天神)을 말한다.

② 용은 범어로 '나가'라고 한다. 원래 나가는 뱀을 뜻한다. 네 종류의 용이 있다. 하늘의 궁전을 지키며 유지하여 인간세계에 떨어지지 않게 하는 용, 구름을 일으키고 비를 이루어 인간세계에 이익을 주는 용, 땅에 있으며 강을 터뜨리고 도량을 열어 주는 용, 전륜성왕과 같이 큰 복을 지닌 사람을 지키는 용이다.

③ 야차는 사천왕이 다스리는 포악하고 무서운 중생이다. 동작이 매우 빠르다는 뜻으로 속질귀(速疾鬼)라 번역한다. 종류에 따라 섬, 공중, 천상에 산다.

④ 건달바는 제석천 궁전에서 음악을 연주하는 음악의 신이다. 식향(食香), 심향(尋香), 향음(香陰)이라 번역한다. 아주 좋은 향을 찾아다니며 향을 먹고 산다.

⑤ 아수라는 육도의 한 중생이다. 제석천과 늘 싸우는 싸움꾼이다. 아수라는 머리가 천 개이고, 손은 2천 개다. 또 머리가 만 개이고, 손이 2만 개다. 혹은 머리는 세 개, 손은 여섯 개인 경우도 있다. 산중 혹은 바다 밑에 산다.

⑥ 가루라는 금시조다. 날개 끝이 금빛이기 때문에 금시조라 한다. 용을 잡아먹는 아주 무서운 능력을 지니고 있다.

⑦ 긴나라는 제석천 앞에서 악기를 다룬다. 작아서 건달바만 못하다. 형체는 사람과 비슷하나 머리에 뿔이 있다. 인비인(人非人)이라 한다. 또는 사람인가 아닌가 의심스러워 의신(疑神)이라 한다.

⑧ 마후라가는 큰 뱀에 해당하는 뱀의 신이다. 몸은 사람과 같고 머리는 뱀이다. 땅 위의 용이라고 하여 지룡(地龍)이라 하고, 큰 구렁이 같이 배로 다닌다고 하여 대복행(大腹行)이라 한다.

천룡팔부와 신장

- 육도 윤회하는 중생인데, 신통한 능력을 지녔기에 신(神)이라 함
- 부처님 가르침과 관련하여 두 가지 경우가 있음.

호법신중 : 천룡팔부 가운데 불법을 지키는 호법신장

화현신중 : 불보살님이 중생을 제도하기 위해 나타난 경우

① 하늘(천) : 사천왕천, 제석천, 범천 등의 천신(天神)

② 용 : 네 종류의 용 - 하늘의 궁전을 지키며 유지하는 용, 구름과 비를 일으키는 용, 강과 도량을 조절하는 용, 큰 복을 지닌 사람을 지키는 용

③ 야차 : 사천왕이 다스리는 포악하고 무서운 중생

④ 건달바 : 제석천 궁전에서 음악을 연주하는 음악의 신

⑤ 아수라 : 육도의 한 중생. 제석천과 늘 싸우는 싸움꾼

⑥ 가루라 : 금시조. 용을 잡아먹음.

⑦ 긴나라 : 제석천 앞에서 악기를 다룸. 형체는 사람과 비슷하나 머리에 뿔이 있음. 인비인(人非人)이라 함. 또는 사람인가 아닌가 의심스러워 의신(疑神)이라 함.

⑧ 마후라가 : 큰 뱀에 해당하는 뱀의 신. 몸은 사람과 같고 머리는 뱀

십원과 육향, 관세음보살의 본원

본원(本願)은 불보살님이 성불하기 전부터 과거세에 일으킨 서원이다. '본(本)'은 근본(根本)이라는 뜻이다. 본원은 불보살님의 근본 서원이다.

서원에는 총원(總願)과 별원(別願)이 있다. 총원은 보살로서 누구나 일으키는 공통 서원이다. 바로 사홍서원이다. 별원은 보살마다 특별한 목적을 위해 일으킨 서원이다. 법장보살(아미타불 전신) 48원, 보현보살 10대행원, 약사여래 12원 등이다. 보살의 서원은 총원을 바탕으로 각 보살의 본원인 별원이 있다.

> "… 이 다라니를 외워 지니고자 하는 자가 있다면 중생들에게 자비로운 마음을 일으키고 먼저 저를 따라 이러한 원을 일으켜야 합니다.
> 대비하신 관세음께 귀의하오니/온갖 법을 어서 빨리 알아지이다. …
> 칼산지옥 제가 가면/칼산 절로 무너지고 …."

『천수천안관세음보살광대원만무애대비심다라니경』의 말씀이다. 바로 『천수경』 '나무대비관세음 … 원아조동법성신, 아약향도산 … 자득대지혜'의 내용이다. '나무대비관세음 … 원아조동법성신'을 십원(十願)이라 한다. '아약향도산 … 자득대지혜'를 육향(六向)이라 한다. 여섯 곳을 향하기 때문이다. 육향을 육원(六願)이라 한다. 이 십원과 육향을 관세음보살의 본원(本願)이라 한다.

십원 중 앞 4원은 이타원(利他願: 다른 이를 이롭게 하는 원), 뒤 6원은 자리원(自利願: 자기를 이롭게 하는 원)이라 한다. 혹은 십원 모두를 자리로 본다. 육향은 이타로 구분한다. 그런데 어느 측면을 강조하는가에 따른 구분일 뿐, 자리와 이타는 함께한다. 보살은 이타가 자리이고, 자리가 이타이다.

경에 '대다라니를 외우는 자는 관세음보살을 따라 이 원을 일으켜야 한다.'고 하였다. 따라서 관세음보살의 본원이 대다라니를 외우는 우리의 서원이 된다.

본원(本願)

- 불보살님이 성불하기 전부터 과거세에 일으킨 서원
- 불보살님의 근본 서원

관세음보살의 본원 - 십원(十願)과 육향(六向)

"이 다라니를 외워 지니고자 하는 자가 있다면 중생들에게 자비로운 마음을 일으키고 먼저 저를 따라 이러한 원을 일으켜야 합니다.
나무대비관세음 … 원아조동법성신
아약향도산 … 자득대지혜"
「천수천안관세음보살광대원만무애대비심다라니경」

십원(十願) : 나무대비관세음 … 원아조동법성신
육향(六向) : 아약향도산 … 자득대지혜

십원문

나무대비관세음南無大悲觀世音	원아속지일체법 願我速知一切法
나무대비관세음南無大悲觀世音	원아조득지혜안 願我早得智慧眼
나무대비관세음南無大悲觀世音	원아속도일체중 願我速度一切衆
나무대비관세음南無大悲觀世音	원아조득선방편 願我早得善方便
나무대비관세음南無大悲觀世音	원아속승반야선 願我速乘般若船
나무대비관세음南無大悲觀世音	원아조득월고해 願我早得越苦海
나무대비관세음南無大悲觀世音	원아속득계정도 願我速得戒定道
나무대비관세음南無大悲觀世音	원아조등원적산 願我早登圓寂山
나무대비관세음南無大悲觀世音	원아속회무위사 願我速會無爲舍
나무대비관세음南無大悲觀世音	원아조동법성신 願我早同法性身

『천수경』 '십원문'이라는 제목은 없지만, 이해를 돕고자 '십원문(十願文)' 제목을 붙였다. 〈십원문〉은 '나무대비관세음'을 외우며 10가지를 발원한다. 앞 4원은 이타원(利他願), 뒤 6원은 자리원(自利願)이라 한다. 혹은 모두 자리로 본다. 그런데 보살의 발원에는 자리와 이타가 함께한다. 이타가 자리이고, 자리가 이타이다.

〈십원문〉

나무대비관세음
제가 온갖 법을 빨리 알기를 원합니다.
나무대비관세음
제가 지혜 눈을 어서 얻기를 원합니다.
나무대비관세음
제가 모든 중생을 빨리 제도하기 원합니다.
나무대비관세음
제가 훌륭한 방편을 어서 얻기를 원합니다.
나무대비관세음
제가 반야의 배에 빨리 타기를 원합니다.
나무대비관세음
제가 괴로움의 바다를 어서 건너기를 원합니다.
나무대비관세음
제가 계와 선정의 도를 빨리 얻기를 원합니다.
나무대비관세음
제가 열반의 산에 어서 오르기를 원합니다.
나무대비관세음
제가 무위의 집에 빨리 함께하기를 원합니다.
나무대비관세음
제가 진리의 몸과 어서 같아지기를 원합니다.

〈십원문〉은 '나무대비관세음'을 외우며 10가지를 발원한다.

〈십원문〉 중 앞의 4원

앞의 4원은, 일체법을 빨리 알고자 지혜의 눈을 어서 얻기를 원하고, 모든 중생을 빨리 제도하고자 좋은 방편을 어서 얻기를 원한다. 서로 목표와 수단 구조를 가진다. 이 4원을 이타원으로 구분한다. 그런데 보살의 이타행은 곧 자리다.

원아속지일체법(제가 온갖 법을 빨리 알기를 원합니다.) - 제1원

원아조득지혜안(제가 지혜 눈을 어서 얻기를 원합니다.) - 제2원

법은 부처님 가르침이다. 부처님께서 깨달으신 진리의 세계, 진여에 대한 가르침이다. 그러한 가르침을 알기 위해서는 지혜가 있어야 한다.

이때 지혜는 지식이나 단순한 앎이 아니다. 이치를 깨달아 번뇌에서 벗어나는 지혜, 깨달음을 성취한 지혜다.

그러한 지혜 없이 가르침을 접한다면, 단지 알음알이로 이해할 뿐 그 뜻을 온전하게 알 수 없다. 그런 지혜의 눈을 갖기를 간절히 바라며, 대다라니를 지송한다.

원아속도일체중(제가 모든 중생을 빨리 제도하기 원합니다.) - 제3원

원아조득선방편(제가 훌륭한 방편을 어서 얻기를 원합니다.) - 제4원

중생의 이해와 요구는 다양하다. 하나의 방법으로 모든 이들을 제도할 수 없다. 상황에 맞는 다양하고 훌륭한 방편이 필요하다. 염불, 참선, 독경 등 수행법이 다양한 것도 그런 이유다. 그 사람에게 맞는 수행법을 지도할 수 있는 이가 좋은 스승이다.

이처럼 일체법을 알고 중생의 이해와 요구에 맞게 제도하려면, 지혜와 방편이 있어야 한다. 부처님을 양족존(兩足尊)이라고 하듯이, 천수천안(千手千眼) 관세음보살이라고 이름하듯이, 지혜와 방편은 함께 해야 한다.

〈십원문〉 중 앞의 4원

- 앞의 4원은 이타원으로 구분
- 보살의 이타행은 곧 자리다.

제1원 - 원아속지일체법(제가 온갖 법을 빨리 알기를 원합니다.)
제2원 - 원아조득지혜안(제가 지혜 눈을 어서 얻기를 원합니다.)

법은 가르침
- 부처님이 깨달으신 진리의 세계, 진여에 대한 가르침
부처님 가르침을 알기 위해서는 지혜가 필요
지혜의 눈을 갖기를 간절히 바라며, 대다라니를 지송한다.

제3원 - 원아속도일체중(제가 모든 중생을 빨리 제도하기 원합니다.)
제4원 - 원아조득선방편(제가 훌륭한 방편을 어서 얻기를 원합니다.)
중생의 이해와 요구는 다양
상황에 맞는 다양하고 훌륭한 방편 필요

∴ 일체법을 알고 중생의 이해와 요구에 맞게 제도하려면, 지혜와 방편이 필요
천수천안(千手千眼)관세음보살처럼, 지혜(천 개의 눈)와 방편(천 개의 손)이 함께
해야 한다.

〈십원문〉 중 뒤의 6원

뒤의 6원은, 반야의 배에 빨리 올라타서 괴로움의 바다를 어서 건너기를 원하고, 계정혜를 빨리 닦아 열반(원적)의 산에 어서 오르기를 원하고, 무위의 집에 빨리 들어가 진리의 몸(법성신)과 어서 같아지기를 원한다.

이 6원은 자리원(自利願)으로 구분한다. 그런데 대다라니를 외우는 자는, 중생에게 자비로운 마음을 일으키고 관세음보살을 따라 이러한 원을 일으켜야 한다. 보살의 발원은 자비심이 바탕이다. 보살의 자리는 이타를 위한 자리이며, 이타를 통해 보살의 자리는 원만하게 된다.

따라서 이 원은 자비심을 펼치는 이타원도 된다. 가령 반야 배는 혼자만 타는 배가 아니라 중생과 함께 타고 가는 배다.

원아속승반야선(제가 반야의 배에 빨리 타기를 원합니다.) - 제5원

원아조득월고해(제가 괴로움의 바다를 어서 건너기를 원합니다.) - 제6원

반야는 지혜다. 지혜는 단순한 앎이나 지식이 아니다. 나와 세상에 대한 집착을 내려놓을 때 드러나는 지혜다. 괴로움의 바다는 탐진치(貪瞋痴: 탐욕·어리석음·성냄) 삼독(三毒)으로 괴로움이 가득한 중생 세계다.

우리가 사는 이 세계를 사바세계라고 한다. 사바세계란 고통이 가득하여 참지 않고서는 살 수 없는 세계다. 사바는 범어 사하(saha)의 음역으로 인(忍)·감인(堪忍)·능인(能忍)이라 번역한다. 따라서 사바세계는 인토·인계·감인토라 하여 참지 않고는 살 수 없는 곳이다.

중생 세계를 벗어나기 위해서는 지혜가 필요하다. 지혜, 즉 반야의 배에 올라타야 괴로움의 바다를 건널 수 있다. 반야의 배는 모든 이와 함께 타는 배다. 집착을 내려놓을 때 그 배를 탈 수 있다. 반야의 배를 타고 고해를 건너면, 괴로움이 없는 부처님 세계에 도달한다.

〈십원문〉 중 뒤의 6원

- 뒤의 6원은 자리원(自利願)으로 구분
- 보살의 자리는 이타를 위한 자리, 이타를 통해 보살의 자리는 원만하게 됨

제5원 - 원아속승반야선(제가 반야의 배에 빨리 타기를 원합니다.)
제6원 - 원아조득월고해(제가 괴로움의 바다를 어서 건너기를 원합니다.)

반야는 지혜

- 단순한 앎이나 자식이 아님
- 나와 세상에 대한 집착을 내려놓을 때 드러나는 지혜
- 집착을 내려놓을 때 반야의 배를 탈 수 있다.
- 반야의 배는 모든 이와 함께 타는 배다.
괴로움의 바다는 탐진치 삼독으로 괴로움이 가득한 중생 세계다.
∴반야의 배를 타고 고해를 건너면, 괴로움이 없는 부처님 세계에 도달한다.

원아속득계정도(제가 계와 선정의 도를 빨리 얻기를 원합니다.) - 제7원

원아조등원적산(제가 열반의 산에 어서 오르기를 원합니다.) - 제8원

계정도를 풀이하면 계율과 선정의 길이지만, 보통 지혜를 포함하여 풀이한다. 바로 계정혜(戒定慧) 삼학(三學)이다. 모든 수행은 삼학에 포함된다. 계율을 지키는 계학, 선정을 닦는 정학, 지혜를 닦아 얻는 혜학이다. 계를 지킴은 모든 수행의 시작이자 근본이다. 정은 삼매다. 계와 정으로 지혜가 생겨난다. 지혜는 지식이 아니다. 연기의 도리를 아는 지혜다. 계정혜 삼학은 서로 연결된다. 계학으로 정학이 이뤄지고, 정학으로 혜학이 이뤄진다. 계의 그릇이 온전하고 견고해야 선정의 물이 맑게 고이고, 마침내 지혜의 달이 나타난다. 반대로 계학은 정학으로 완전해지고, 정학은 혜학으로 완전해진다. 가령, 계학은 도둑을 잡고, 정학은 도둑을 묶어 놓고, 혜학은 도둑을 죽여 버린다. 여기서 도둑은 번뇌다.

삼학을 고루 실천하여 마침내 원적에 이른다. 원적은 열반이다. 열반은 탐욕·성냄·어리석음의 모든 번뇌가 사라지고, 깨달음의 지혜인 반야를 얻은 상태다. 반야의 공덕이 가득하기에 원만하고〔圓〕, 모든 번뇌가 사라졌기에 고요하다〔寂〕.

〈십원문〉 중 뒤의 6원 2

제7원 - 원아속득계정도(제가 계와 선정의 도를 빨리 얻기를 원합니다.)
제8원 - 원아조등원적산(제가 열반의 산에 어서 오르기를 원합니다.)

계정도는 계율과 선정의 길, 또는 계정혜(戒定慧) 삼학(三學)
- 모든 수행은 삼학에 포함
- 계율을 지키는 계학, 선정을 닦는 정학, 지혜를 닦아 얻는 혜학
원적은 열반이다.
- 모든 번뇌가 사라지고, 깨달음의 지혜인 반야를 얻은 상태
- 반야의 공덕이 가득하기에 원만[圓], 모든 번뇌가 사라졌기에 고요[寂]

∴ 삼학을 고루 실천하여 마침내 원적에 이른다.

원아속회무위사(제가 무위의 집에 빨리 함께하기를 원합니다.) - 제9원

원아조동법성신(제가 진리의 몸과 어서 같아지기를 원합니다.) - 제10원

무위는 모든 번뇌와 집착이 사라지고, 분별하는 마음 작용이 사라진 상태다. 깨달음의 경지다. 무위의 집이라 표현하였다. 무위의 집은 참되고〔眞〕 차별 없는 〔如〕 성품만 가득하다. 진여, 진리의 집이다.

진여를 법성(法性)이라 한다. 법성신은 진리의 몸, 바로 부처님이다. 여래법신 (如來法身), 법신, 법신불이라 한다. 진여를 무위, 법성, 법신 등 다양하게 표현한 다. 모든 분별 망상이 사라졌기에 무위, 참되고 차별 없이 항상 하기에 진여, 진 리의 성품이기에 법성, 진리 그 자체이기에 법성신, 법신, 법신불이다.

모든 분별 망상을 버리고 무위의 집에 들어가면, 그 몸이 바로 진리의 몸인 법 성신, 진리 그 자체의 부처님이다.

〈십원문〉 중 뒤의 6원 3

제9원 – 원아속회무위사(제가 무위의 집에 빨리 함께하기를 원합니다.)
제10원 – 원아조동법성신(제가 진리의 몸과 어서 같아지기를 원합니다.)

무위는 깨달음의 경지
– 모든 번뇌가 사라지고, 분별하는 마음 작용이 사라진 상태
– 무위의 집은 참되고[眞] 차별 없는[如] 성품만 가득. 진여, 진리의 집
법성신은 진리의 몸, 바로 부처님
– 진여를 무위, 법성, 법신 등 다양하게 표현
   모든 분별 망상이 사라졌기에 무위, 참되고 차별 없이 항상 하기에 진여,
진리의 성품이기에 법성, 진리 그 자체이기에 법성신, 법신, 법신불

∴ 모든 분별 망상을 버리고 무위의 집에 들어가면, 그 몸이 바로 진리의 몸인
법성신, 진리 그 자체의 부처님이다.

십원·육향과 사홍서원, 그리고 사성제

『천수안대비심주행법』에는 사홍서원, 사성제(四聖諦), 십원을 연결한다.

사성제는 부처님의 근본 가르침으로 고성제(苦聖諦), 집성제(集聖諦), 멸성제(滅聖諦), 도성제(道聖諦)다. 고성제는 중생의 고통스러운 현실, 집성제는 고통의 원인, 멸성제는 고통을 벗어난 열반, 도성제는 열반으로 가는 수행이다.

사홍서원 중 '중생이 한량없지만 건지기를 원합니다.'는 고성제, '번뇌가 한량없지만 끊기를 원합니다.'는 집성제, '법문이 한량없지만 배우기를 원합니다.'는 도성제, '불도가 위없지만 이루기를 원합니다.'는 멸성제에 연결하였다.

십원에서 제1원〔지일체법〕, 제2원〔득지혜안〕은 집성제에 의거한다. 현실의 고통 원인을 알기 위해서, 우선 세상 모든 법을 알고자 원을 세우고, 다음 지혜를 얻고자 원을 세운다. 지혜로 모든 것을 안다. → 번뇌무진서원단(煩惱無盡誓願斷)

제3원〔도일체중〕, 제4원〔득선방편〕은 고성제에 의거한다. 우선 고통에 빠진 중생을 건지고자 원을 세우고, 다음에 좋은 방편을 구하고자 원을 세운다. 방편으로 제도하지 못할 중생이 없다. → 중생무변서원도(衆生無邊誓願度)

제5원〔승반야선〕, 제6원〔득월고해〕, 제7원〔득계정도〕, 제8원〔등원적산〕은 도성제에 의거한다. 우선 반야〔지혜, 혜학〕를 얻고자 하고, 다음 지혜로 생사의 고해를 건너기를 원하고, 다음에 출세간의 계〔계학〕와 정〔정학〕을 구하고자 하고, 다음에 계학과 정학으로써 열반에 들고자 원한다. 삼학(三學)은 도성제의 시작이고, 열반 증득은 도성제의 끝이다. → 법문무량서원학(法門無量誓願學)

제9원〔회무위사〕, 제10원〔동법성신〕은 멸성제에 의거한다. 먼저 무위법을 구해 마음을 안정시켜 의혹을 없애고 망상이 그치길 원하고, 다음 법성신을 원해 구경에 항상 고요하길 원한다. → 불도무상서원성(佛道無上誓願成)

이처럼 십원은 사홍서원에 모두 연결된다. 『천수경』에서 사홍서원은 마지막 부분에 있다.

십원 · 육향, 사홍서원, 사성제의 관계

사성제는 부처님의 근본 가르침

고성제(苦聖諦) 중생의 고통스러운 현실

집성제(集聖諦) 고통의 원인

멸성제(滅聖諦) 고통을 벗어난 열반

도성제(道聖諦) 열반으로 가는 수행

사성제

십원

사홍서원

집성제
고성제

도성제

멸성제

제1원[지일체법], 제2원[득지혜안]

제3원[도일체중], 제4원[득선방편]

제5원[승반야선], 제6원[득월고해]

제7원[득계정도], 제8원[등원적산]

제9원[회무위사], 제10원[동법성신]

번뇌무진서원단(煩惱無盡誓願斷)

중생무변서원도(衆生無邊誓願度)

법문무량서원학(法門無量誓願學)

불도무상서원성(佛道無上誓願成)

〈육향문〉

아약향도산 我若向刀山 　**도산자최절** 刀山自摧折
아약향화탕 我若向火湯 　**화탕자고갈** 火湯自枯竭
아약향지옥 我若向地獄 　**지옥자소멸** 地獄自消滅
아약향아귀 我若向餓鬼 　**아귀자포만** 餓鬼自飽滿
아약향수라 我若向修羅 　**악심자조복** 惡心自調伏
아약향축생 我若向畜生 　**자득대지혜** 自得大智慧

『천수경』에는 '육향문'이라는 제목이 없다. 이해를 돕고자 앞에 '육향문(六向文)'이라는 제목을 붙였다. 여섯 곳을 향해 제도하므로 육향(六向)이다. 대다라니 독송 전의 발원이므로 육원(六願), 육서(六誓)라 한다. 육원은 이타원이다. 육회향(六廻向)이라 한다. 회향은 수행 공덕을 중생·깨달음 등으로 돌리는 행위다. 보살은 열반에 머물지 않고 중생 제도를 위해 중생에게 향한다.

　법성신이 된 보살은 육도 중생을 모두 제도하지만, 지옥·아귀·축생·아수라 등이 매우 괴로운 세계이기에 육향으로 강조하였다.

　중생은 육도윤회를 한다. 육도(六道)는 지옥·아귀·축생·아수라·인(人)·천(天)이다. 육취(六趣)라고도 한다. 중생의 업으로 가는 세계다. 악업으로 가는 지옥·아귀·축생은 삼악도다. 선업으로 가는 아수라·인·천은 삼선도다. 혹은 아수라를 삼악도에 포함하여 사악도라 한다. 보통 육도가 익숙하지만, 아수라를 제외하고 오도·오취라고도 한다. 이때 아수라는 아귀 또는 천에 포함한다.

육향문(六向文)

- 여섯 곳을 향해 제도 → 육향(六向)
- 대다라니 독송 전의 발원 → 육원(六願), 육서(六誓). 이타원.
- 열반에 머물지 않고 중생 제도를 위해 중생에게 향함 → 육회향(六廻向)
  : 회향은 수행 공덕을 중생, 깨달음 등으로 돌리는 행위
- 육도 중생 모두 제도하지만, 지옥, 아귀, 축생, 아수라는 매우 괴로운 세계이기에 육향으로 강조

육도, 육취

아약향도산 도산자최절(만약 제가 칼산지옥에 가면, 칼산이 절로 꺾어지고)

아약향화탕 화탕자고갈(만약 제가 화탕지옥에 가면, 화탕이 절로 고갈되며)

아약향지옥 지옥자소멸(만약 제가 지옥세계에 가면, 지옥이 절로 없어진다.)

지옥은 극심한 괴로움의 세계에 태어나는 중생 혹은 그 세계를 말한다. 도산지옥 (칼산지옥), 화탕지옥 등 다양한 지옥이 있다. 도산지옥은 성냄과 관련된다. 성을 내면 말이나 분위기가 칼처럼 날카롭게 된다. 화탕지옥은 타오르는 탐욕과 관련된다. 성냄과 탐욕은 어리석음이 바탕이다. 탐진치 삼독이 치성하여 지옥이 있다. 법성신과 하나인 내가 지옥에 가면 모든 지옥이 절로 없어진다.

아약향아귀 아귀자포만(만약 제가 아귀에게 가면, 아귀가 절로 배부르고)__ 아귀로 태어나면 늘 허기지고 갈증 나는 괴로움을 받는다. 악한 일을 많이 했거나 탐욕스러운 성질을 가진 자가 아귀 몸을 받는다. 아귀는 다양하다. 보통 남산만한 몸에 바늘구멍만한 목구멍을 가진 아귀를 언급한다. 이 아귀는 공양 후 발우 씻은 물을 먹고 산다. 음식 찌꺼기가 목구멍에 걸리면 불에 타는 듯한 고통을 받는다. 늘 배고프다. 법성신과 하나인 내가 가면 아귀가 절로 배부르게 된다.

아약향수라 악심자조복(만약 제가 아수라에게 가면, 악한 마음 절로 사라지며)__ 수라는 아수라다. 아수라는 싸움을 좋아하는 싸움꾼이다. 악한 마음이 그칠 새가 없다. 법성신과 하나인 내가 아수라에게 가면 악한 마음이 절로 사라진다.

아약향축생 자득대지혜(만약 제가 축생에게 가면, 큰 지혜를 절로 얻게 된다.)__ 축생은 모든 동물을 말한다. 축생은 어리석음과 관련이 깊다. 법성신과 하나인 내가 축생에게 가면 큰 지혜를 절로 얻게 된다.

지옥·아귀·축생·아수라만 언급했지만, 육도 중생 모두 제도한다. 한편, 육도는 탐진치의 우리 마음이다. 관세음보살 명호나 대다라니를 지니면, 마음은 법성신과 하나가 된다. 그때 탐진치 삼독은 사라지고 모든 고통은 없어진다.

육도(六道), 육취(六趣)

- 중생의 업으로 윤회하는 세계
- 삼악도 : 악업으로 가는 지옥, 아귀, 축생
- 삼선도 : 선업으로 가는 아수라, 인(人), 천(天)
- 사악도 : 아수라를 삼악도에 포함하는 경우

지옥
- 극심한 괴로움의 세계에 태어나는 중생 혹은 그 세계
- 도산지옥(칼산지옥), 화탕지옥 등 다양한 지옥

아귀
- 아귀세계는 항상 허기지고 갈증 나는 괴로움을 받음
- 아귀의 종류도 다양함
- 남산만한 몸에 바늘구멍만한 목의 아귀를 보통 언급.
  공양 후 발우 씻은 물을 먹고 산다. 늘 배고픔.
  음식 찌꺼기가 목에 걸리면 불에 타는 듯한 고통을 받음

수라
- 싸움을 좋아하는 싸움꾼
- 악한 마음이 그칠 새가 없음

축생 - 모든 동물을 말함

∴ 육도는 우리 마음
- 성내고 욕심을 부리고 어리석으면, 이 순간 마음은 지옥, 아수라, 아귀, 축생.
- 관세음보살 명호나 대다라니를 지니면, 그 마음은 법성신과 하나

별귀의

나무관세음보살마하살 南無觀世音菩薩摩訶薩

나무대세지보살마하살 南無大勢至菩薩摩訶薩

나무천수보살마하살 南無千手菩薩摩訶薩

나무여의륜보살마하살 南無如意輪菩薩摩訶薩

나무대륜보살마하살 南無大輪菩薩摩訶薩

나무관자재보살마하살 南無觀自在菩薩摩訶薩

나무정취보살마하살 南無正趣菩薩摩訶薩

나무만월보살마하살 南無滿月菩薩摩訶薩

나무수월보살마하살 南無水月菩薩摩訶薩

나무군다리보살마하살 南無軍茶利菩薩摩訶薩

나무십일면보살마하살 南無十一面菩薩摩訶薩

나무제대보살마하살 南無諸大菩薩摩訶薩

나무본사아미타불 南無本師阿彌陀佛 (3편)

『천수경』에 없는 '별귀의(別歸依)'라는 제목을 이해를 돕고자 앞에 붙였다. 나무는 귀명, 귀의라고 풀이한다. 불법승 삼보를 믿고 생명을 다해 의지한다는 뜻이다. 불법승 삼보에 대한 귀의를 총귀의라 하고, 각각 불보살님 등에 대한 귀의는 별귀의라고 한다. 지금 관세음보살 및 아미타부처님에게 별도로 귀의한다.

> "이와 같은 발원을 하고서 지극한 마음으로 저(관세음보살)의 이름을 부르고 생각하며, 또한 저의 본사이신 아미타여래의 명호를 생각하여야 한다. 그런 후에 곧 이 대다라니를 외워야 한다." —『천수천안관세음보살광대원만무애대비심다라니경』

『천수천안관세음보살광대원만무애대비심다라니경』에는 관세음보살과 아미타부처님에게 귀의하는 내용이 있다.『천수천안관세음보살대비심다라니』에는 '나무아미타여래 나무관세음보살마하살'이 등장한다. 즉 경전에서는 아미타여래와 관세음보살에게만 귀의하는 내용이 있지만,『천수경』에는 10분의 관세음보살, 대세지보살, 모든 보살, 그리고 아미타부처님에게 귀의한다.

관세음보살과 대세지보살은 아미타부처님의 좌우보처다. 우선 관세음보살과 대세지보살에게 귀의한다. 그리고 다양한 상호와 명호로 구분되는 관세음보살 중에 9분의 관세음보살 명호를 부르며 귀의한다. 그리고 빠진 분이 없도록 '제대보살마하살(모든 대보살마하살)'로써 모든 보살에게 귀의한다. 맨 끝으로 관세음보살의 근본 스승이신 아미타부처님에게 귀의한다.

보살마하살은 보살과 마하살을 결합한 말이다. 보살은 보리살타(보디사트바bodhisattva)을 줄인 말이다. 보리는 깨달음이고, 살타는 유정(有情) 중생이다. 이에 보살은 '깨달음을 가진 유정', '깨달음을 구하는 유정'이 된다. 마하살(마하사트바mahāsattva)는 대심(大心), 대유정 등으로 번역한다. 마하는 크다〔大〕는 뜻이다. 큰일을 위해 물러나지 않는 큰마음이 있으므로 마하살이다. 보살을 찬탄하는 명칭이다. '위로는 깨달음을 구하고 아래로는 중생을 구제하고자 노력하는 자'〔상구보리 하화중생(上求菩提 下化衆生)〕가 보살, 보살마하살이다.

관세음보살은 아미타부처님을 근본 스승으로 삼고, 모든 것을 아미타부처님에게 회향하였다. 지금 우리도 관세음보살을 따라 회향을 다짐하며 아미타부처님에게 정성을 다하여 세 번 귀의의 예를 올린다.

① 나무관세음보살마하살__ 관세음보살은 『천수경』의 중심 보살이기에 가장 앞서 귀의의 예를 올린다. 관세음보살은 다양한 모습과 이름으로 중생을 제도한다. 우리가 '아버지', '선생님', '홍길동' 등 다양한 명칭을 가지고, 그 명칭에 맞는 모습을 보이듯이, 관세음보살도 지혜와 방편에 따라 다양한 상호와 명호를 가진다. 아래 언급하는 천수보살마하살 등이 그렇다.

② 나무대세지보살마하살__ 대세지보살은 득대세보살이라고도 한다. 서방극락 아미타부처님 좌우로 관세음보살, 대세지보살이 자리한다. 과거생에 아미타부처님은 아버지 또는 어머니, 관세음보살은 형, 대세지보살은 동생으로 수많은 인연이 있다. 그 인연으로 지금 서방극락에서 사바세계를 왕래하며 중생을 제도한다. 아미타부처님이 열반한 후 오랜 뒤에 관세음보살이 성불하여 중생을 제도한다. 관세음보살이 열반한 후 오랜 뒤에 대세지보살이 성불하여 중생을 제도한다. 법당에 모신 관세음보살 보관에는 부처님 모습이 있고, 대세지보살 보관에는 보병이 있다.

> "관세음보살 및 대세지보살은 어디서나 똑같은 모습이다. 중생이 단지 머리 모습(보관에 부처님, 보병)만 보고도 이분은 관세음보살, 이분은 대세지보살이라고 안다. 이 두 보살은 아미타불을 도와서 두루 모든 중생을 교화한다."
>
> ─『관무량수경』

③ 나무천수보살마하살__ 천수보살은 천수관음으로 천수천안관세음보살을 말한다. 천 개의 손과 천 개의 눈으로 중생을 제도하는 6관음 가운데 한 분이다. 6관음은 뒤에 별도 항목으로 살펴본다.

별귀의

- 지금 관세음보살 및 아미타부처님에게 별도로 귀의
- 나무 : 귀명, 귀의. 불법승 삼보를 믿고 생명을 다해 의지함.

> "이와 같은 발원을 하고서 지극한 마음으로 저(관세음보살)의 이름을 부르고 생각하며, 또한 저의 본사이신 아미타여래의 명호를 생각하여야 한다. 그런 후에 곧 이 대다라니를 외워야 한다."
> 『천수천안관세음보살광대원만무애대비심다라니경』

『천수경』에는 10분의 관세음보살, 대세지보살, 모든 보살, 아미타부처님에게 귀의

① 나무관세음보살마하살
『천수경』의 중심 보살이기에 가장 앞서 귀의의 예를 올림

② 나무대세지보살마하살
서방극락 아미타부처님 좌우로 관세음보살, 대세지보살이 자리함
관세음보살 보관에는 부처님 모습, 대세지보살 보관에는 보병

③ 나무천수보살마하살
천수관음으로 천수천안관세음보살을 말함
천 개의 손과 천 개의 눈으로 중생을 제도하는 6관음 가운데 한 분

④ 나무여의륜보살마하살__ 여의륜보살은 6관음 가운데 한 분이다. 여의보주 삼매 속에 머물러 법의 수레바퀴〔법륜〕를 굴림으로써 중생을 교화하고 힘을 주며 지혜를 베푼다. 여의(如意)는 자기 뜻대로 된다는 뜻이다.

⑤ 나무대륜보살마하살__ 대륜보살은 여의륜보살의 다른 이름으로 보기도 한다. 대륜, 큰 수레바퀴는 중생의 미혹을 끊는 지혜와 덕을 상징한다. 또는 대륜보살은 큰 법륜을 굴려 중생의 구제하는 여러 보살을 상징한 명칭으로 대륜금강, 대륜명왕 등으로 불린다.

⑥ 나무관자재보살마하살__ 관자재보살은 관세음보살의 다른 번역 이름이다. 범어인 '아바로키테쉬바라'를 어떻게 풀이하는가에 따라 관세음보살, 관자재보살이라고 번역한다. '세상의 소리(세음)를 다 살펴보기(관)'에 관세음보살, '지혜로 살펴봄으로써(관) 자재로운(자재) 묘한 결과를 얻은 이' 또는 '살펴봄에(관) 자재하기(자재)'에 관자재보살이라고 한다.

⑦ 나무정취보살마하살__ 정취보살은 『화엄경』「입법계품」에서 관세음보살 다음에 선지식으로 등장한다. 「입법계품」은 선재동자가 53선지식(훌륭한 스승)을 찾아가는 여정을 담았다. 정취보살은 '바르게〔정〕 나아가는〔취〕' 보살이라는 뜻이다. 다양한 방편을 빨리 펼쳐 중생을 제도한다. 극락 또는 해탈의 길로 빨리 들어서게 하는 길, 방편을 알려준다. 「입법계품」에서 정취보살은 관세음보살과 밀접한 관계가 있다. 관세음보살과 정취보살이 같은 법회에 함께함으로써 지혜와 자비가 원만함을 드러낸다. 관세음보살과 정취보살, 두 보살은 모두 지혜와 자비를 갖춘 분이다. 그런데 중생을 위한 방편 교설로 각각 자비와 지혜를 대비하여 강조한다.

또는 정취보살은 관세음보살의 화신이자 관세음보살의 다른 이름으로 본다.

별귀의 2

④ 나무여의륜보살마하살
6관음 가운데 한 분.
여의보주삼매 속에 머물러 법의 수레바퀴[법륜]를 굴림으로써 중생을 교화하고
힘을 주며 지혜를 베풂.

⑤ 나무대륜보살마하살
대륜, 큰 수레바퀴는 중생의 미혹을 끊는 지혜와 덕을 상징
여의륜보살의 다른 이름, 또는 큰 법륜 굴려 중생 구제하는 보살들을 상징

⑥ 나무관자재보살마하살
관세음보살의 다른 번역 이름
'지혜로 살펴봄으로써(관) 자재로운(자재) 묘한 결과를 얻은 이'
'살펴봄에(관) 자재함(자재)'

⑦ 나무정취보살마하살
『화엄경』 「입법계품」에서 관세음보살 다음에 등장하는 선지식
'바르게[정] 나아가는[취]' 보살
또는 관세음보살 화신, 관세음보살의 별칭

⑧ 나무만월보살마하살__ 만월보살은 지혜와 자비를 원만하게 갖춘 관세음보살의 별칭이다. 만월은 관세음보살의 덕성이 보름달과 같이 원만하고 두루 통함을 상징한다. 아래 수월보살의 상호가 마치 둥근 달과 같다는 뜻에서 불리는 명칭으로 이해하기도 한다.

⑨ 나무수월보살마하살__ 수월보살은 33관음 가운데 한 분이다. 수월은 물속에 비친 달이다. 천강유수천강월(千江有水千江月) 하늘에 떠 있는 하나의 만월은 1천 개의 강에 1천 개의 달이 된다. 큰 강, 작은 강 차별 없이 비친다. 물에 비친 달처럼 온갖 곳에 차별 없이 두루 펼치는 관세음보살의 자비 방편을 상징한다.

⑩ 나무군다리보살마하살__ 군다리는 범어로서 감로병을 말한다. 이는 관세음보살이 들고 있는 '감로수를 담고 있는 물병'이다. 군다리보살은 감로병을 손에 든 관세음보살을 말한다. 중생들의 온갖 번뇌의 큰 불길을 감로수를 뿌려 끄고 구제한다. 이 감로수는 써도 써도 줄어들지 않는다. 감로수는 지혜와 자비의 상징이다.

⑪ 나무십일면보살마하살__ 십일면관음보살은 6관음 가운데 한 분이다. 본 얼굴을 제외한 11면(또는 10면)의 얼굴이 머리 위에 또 있다. 자애로운 모습, 성난 모습, 흰 이를 드러내고 미소짓는 모습, 큰소리를 내면서 호탕하게 웃는 모습, 부처님 모습 등이다. 이는 자비심으로 중생에게 다가가는 다양한 방편의 뜻이 담겨 있다. 가령 그냥 '오냐 오냐' 하는 것이 자비는 아니다. 따끔하게 혼낼 필요가 있을 때는 혼을 내야 한다. 그 뜻을 성난 모습이 상징한다.

⑫ 나무제대보살마하살__ 제대보살은 '모든 대보살'을 말한다. 관세음보살은 특정한 한 보살을 의미하는 것은 아니다. 지혜와 자비를 갖춘 모든 보살이 바로 관세음보살의 다른 모습이고 다른 이름이다. 그러므로 '모든 대보살'에게 귀의한다.

⑧ 나무만월보살마하살

지혜와 자비를 원만하게 갖춘 관세음보살의 별칭

만월은 관세음보살의 덕성이 보름달과 같이 원만하고 두루 통함을 상징

⑨ 나무수월보살마하살

33관음 가운데 한 분. 수월은 물속에 비친 달, 물에 비친 달처럼 온갖 곳에
차별 없이 두루 펼치는 관세음보살의 자비 방편을 상징

⑩ 나무군다리보살마하살

감로병을 손에 든 관세음보살

군다리는 '감로수를 담고 있는 물병' / 감로수는 지혜와 자비의 상징

중생들의 온갖 번뇌의 큰 불길을 감로수를 뿌려 끄고 구제

⑪ 나무십일면보살마하살

6관음 가운데 한 분

본 얼굴을 제외한 11면(또는 10면)의 얼굴이 머리 위에 또 있음.

⑫ 나무제대보살마하살

제대보살은 '모든 대보살'을 말함

지혜와 자비를 갖춘 모든 보살이 관세음보살의 다른 모습이고 다른 이름이다.

⑬ 나무본사아미타불__ 아미타부처님은 서방극락세계에 계신 부처님이다. 서방극락세계에는 아미타부처님을 중심으로 좌우로 관세음보살과 대세지보살이 자리한다.

본사는 근본 스승이 되는 부처님을 말한다. 아미타부처님은 관세음보살뿐만 아니라 모든 보살의 본사다. 모든 보살의 지혜와 덕행의 근본이 되기 때문이다.

> "사리불이여, 그대는 어떻게 생각하는가? 그 부처님을 어째서 아미타라 이름하는 줄 아는가? 사리불이여, 그 부처님의 광명이 한량없어 시방세계를 두루 비추어도 조금도 걸림이 없으므로 아미타라 이름한다. 사리불이여, 또 그 부처님의 수명과 그 나라 인민의 수명이 한량없고 끝이 없는 아승지겁이므로 아미타라 한다. 사리불이여, 아미타부처님께서 부처님이 된 지는 10겁이 지났느니라."
>
> -『아미타경』

아미타부처님은 전생에 법장 스님(법장 비구)으로서 48가지 서원을 세워 수행하였다. 그 결과 성불하여 서방극락정토의 교주가 되셨다.

아미타는 범어로 '한량없는 수명(壽命)', '한량없는 광명(光明)'을 의미한다. 그러므로 아미타불은 무량수불(無量壽佛) 또는 무량광불(無量光佛)이라 번역한다.

생명이 빛이고 빛이 생명이다. 아미타부처님은 한량없는 생명과 한량없는 광명으로 언제나 중생을 살펴보고 계신 대자대비의 부처님이다.

위 인용 경전에서 10겁은 단지 9겁보다 길고 11겁보다 짧다는 의미가 아니라 한없이 긴 겁, 영원한 것을 말한다. 영원한 겁 속에 현재가 들어가 있다. 다시 말하면 아미타부처님은 10겁 전에 성불하여 지금도 중생 구제를 위해 법을 설하고 있다고 풀이한다.

아미타부처님을 모신 법당을 극락전, 미타전, 무량수전(無量壽殿), 수광전(壽光殿)이라고 한다.

별귀의 4

⑬ 나무본사아미타불

서방극락세계에 계신 부처님

아미타부처님 좌우로 관세음보살과 대세지보살이 자리함

아미타부처님은 모든 보살의 근본 스승

전생에 법장 스님(법장 비구)으로서 48가지 서원을 세워 수행

→ 이후 성불하여 서방극락세계의 교주가 됨

아미타는 '한량없는 수명(壽命)', '한량없는 광명(光明)'을 의미

→ 아미타불은 무량수불(無量壽佛), 무량광불(無量光佛)이라 번역

육관음

육관음은 성관음, 천수관음, 마두관음, 십일면관음, 불공견삭관음, 여의륜관음 등이다. 또는 불공견삭관음 대신 준제관음을 넣는다. 모두 포함하여 칠관음이라 한다.

① 성관음보살은 육관음의 중심 보살이다. 일반적으로 일컫는 관세음이 바로 성관음보살이다. 하얀 몸에 오른손에는 연꽃을 가슴에 대고 있다.

② 천수관음보살은 천 개의 손과 천 개의 눈으로 중생을 제도하는 보살이다. 성관음은 지옥, 천수관음은 아귀를 제도한다고 하거나, 반대로 성관음은 아귀, 천수관음은 지옥을 제도한다고 한다.

③ 마두관음보살은 3면(혹은 4면)의 얼굴에 자비의 방편으로 분노의 모습을 한다. 머리 위에는 말머리상이 있다. 힘차게 달리는 말과 같이 중생 제도를 위한 큰 위신력과 정진력을 나타낸다. 축생을 제도하는 보살이다.

④ 십일면관음보살은 본 얼굴 위로 11개(또는 10개)의 얼굴을 지닌다. 그 가운데 정상부 한 얼굴은 아미타불의 모습을 지닌다. 아수라를 제도하는 보살이다.

⑤ 불공견삭관음은 일면사비(1개의 얼굴과 4개의 팔), 삼면사비, 삼면육비, 십면팔비, 십일면삼십이비 등의 다양한 모습에 견삭(올가미, 고대 인도의 무기, 수렵 기구)을 지니고 있다. ⑤-1 준제관음은 준지관음이라고도 한다. 준지는 청정을 뜻하는 말이다. 인간을 제도하는 보살이다.

⑥ 여의륜관음은 한 손에는 여의보주를, 다른 한 손에는 법륜을 들고 있다. 여의보주의 삼매 속에 머물러 법의 수레바퀴를 굴림으로써 중생을 교화하고 힘을 주며 지혜를 베푼다. 천신을 제도하는 보살이다.

이처럼 육관음이 각각 육도 중생을 제도하지만, 그렇다고 각각 해당하는 중생만 제도하는 것이 아니다. 육관음과 육도를 연결하는 것은 육도 어느 중생도 빠뜨리지 않고 제도하겠다는 관세음보살의 서원을 분명하게 나타내고자 함이다.

육관음

① 성관음보살 : 육관음의 중심 보살. 하얀 몸, 오른손에는 연꽃. 지옥 혹은 아키 제도

② 천수관음보살 : 천 개의 손과 천 개의 눈. 아키 혹은 지옥 제도

③ 마두관음보살 : 3면(혹은 4면)의 얼굴, 자비의 방편으로 분노의 모습, 머리 위에는 말머리상. 축생 제도

④ 십일면관음보살 : 본 얼굴 위로 11개(또는 10개)의 얼굴, 정상부 아미타불의 모습. 아수라 제도

⑤ 불공견삭관음 : 일면사비(1개의 얼굴과 4개의 팔), 삼면사비, 삼면육비, 십면팔비, 십일면삼십이비 등의 다양한 모습, 견삭(올가미)을 지님. 인간 제도

(⑤ 준제관음 : 준지관음. 준지는 청정을 뜻함. 인간 제도
불공견삭관음 대신 준제관음 넣어 육관음, 또는 모두 포함하여 칠관음)

⑥ 여의륜관음 : 한 손에는 여의보주, 다른 한 손에는 법륜. 천신 제도

정취보살과 관세음보살

『삼국유사』「낙산이대성 관음 정취 조신」에는 의상 스님의 낙산사 창건설화에 이어서 범일 국사가 낙산 위쪽에 정취보살상을 모셨다는 이야기가 나온다. 그렇게 낙산에 모셔진 관세음보살상과 정취보살상은 백 년 뒤 일어난 화재에도 무사하였다.

정취보살과 관세음보살의 밀접한 관계는 『화엄경』「입법계품」에서 드러난다. 「입법계품」에서 대부분 선지식은 다른 곳에 있는 다른 선지식을 선재동자에게 알려주고, 선재동자는 하직 인사를 하고 다른 선지식을 찾아 떠난다. 그런데 관세음보살과 정취보살 경우는 다르다. 정취보살이 관세음보살 처소로 찾아온다. 선재동자는 관세음보살에게 하직 인사를 하지 않고 정취보살에게 나아간다.

여기서 선재동자가 관세음보살 법회 가운데 정취보살을 본다는 것은 지혜와 자비가 원만함을 드러내고, 자비가 끝에 이르면 곧 무명(無明)의 지혜가 저절로 이루어짐을 드러낸다. 자비와 지혜가 따로 있을 수 없음을 밝히고자 관세음보살에게 하직 인사 없이 정취보살에게 나아간다.

관세음보살과 정취보살, 두 보살 모두 지혜와 자비를 갖춘 분이다. 중생을 위한 방편 교설로 각각 자비와 지혜를 대비하여 부각하였다. 중생을 잘 살펴서 중생의 요구와 이해에 맞게끔 여러 방편을 사용하여 제도한다. 이것은 세상을 살펴보는 지혜가 있어야 가능하다.

지혜와 자비는 함께 해야 한다. 부처님을 양족존(兩足尊)이라고 한다. 두 가지〔兩〕를 갖춘〔足〕분〔尊〕이다. 그 두 가지는 지혜와 자비, 지혜와 방편, 지혜와 복덕이다. 지혜를 바탕으로 자비·방편·복덕이 있어야 중생과 함께 할 수 있다. 중생을 사랑하고 가엾이 여기는 마음이 있어야 하고, 중생을 잘 살펴서 중생의 요구와 이해에 맞게끔 여러 방편을 사용할 수 있어야 하고, 그리고 중생을 만나 제도할 수 있는 복덕이 있어야 한다. 무엇보다 지혜가 함께해야 한다.

정취보살과 관세음보살

『삼국유사』—[낙산이대성 관음 정취 조신]
— 의상 스님과 범일 국사가 낙산에 관세음보살상과 정취보살상을
모셨고, 백 년 뒤 일어난 화재에도 두 보살이 무사하였다.

『화엄경』—「입법계품」
— 선재동자가 53선지식을 찾아가는 여정 이야기
— 선재동자가 대부분 다른 장소에 있는 다른 선지식을 만나는데,
  관세음보살의 처소로 찾아온 정취보살을 만남.
→ 지혜(관세음보살)와 자비(정취보살)가 원만함을 드러내고, 자비가 끝에
이르면 곧 무명(無明)의 지혜가 저절로 이루어짐을 드러냄.

33관음보살

33관음보살은 관음신앙과 더불어 긴 세월 속에 나타났다. 각 지역의 이야기가 경전 내용과 어울리며 33관음보살이 등장한다. 33관음보살을 『법화경』「관세음보살보문품」내용과 연결하여 다음과 같이 설명한다.

  양류관음은 자비의 화신으로 애욕을 없애 주고, 용두관음은 천·용·야차 등을 제도하고, 지경관음은 성문의 몸으로 제도하고, 원광관음은 빛이나 불을 나타내어 중생을 제도하고, 유희관음은 금강산처럼 높은 곳에서 떨어지더라도 상하지 않게 구원한다. 백의관음은 비구·비구니의 몸으로 제도하고, 연화관음은 소왕의 몸으로 제도하고, 농견관음은 불에 떨어져도 불구덩이가 연못으로 변하게 하고, 시약관음은 허공에 해가 떠 있듯이 자비로 항상 우리를 보살펴 몸과 마음의 병을 제거하고, 어람관음은 바다에서 악귀나 나찰을 만났을 때 우리를 보살펴 준다. 덕왕관음은 범왕의 몸으로, 수월관음은 벽지불의 몸으로, 일엽관음은 재관의 몸으로, 청경관음은 부처님의 몸으로, 위덕관음은 천대장군의 몸으로, 중보관음은 장자의 몸으로 제도한다. 암호관음은 독한 벌레나 뱀으로부터, 연명관음은 저주와 주문으로부터, 능정관음은 배가 표류하였을 때, 아뇩관음은 독룡과 잡귀신들로부터 구원해 준다. 아마제관음은 비사문의 몸으로, 엽의관음은 제석천의 몸으로, 유리관음은 자재천의 몸으로 제도한다. 다라존관음은 원수들의 둘러싸임에서 보호하고, 합리관음은 보살의 몸으로, 육시관음은 거사의 몸으로, 보비관음은 대자재천의 몸으로, 마랑부관음은 부녀의 몸으로, 합장관음은 바라문의 몸으로 제도한다. 일여관음은 무서운 우박과 큰비의 어려움에서 보호하고, 불이관음은 집금강신의 몸으로, 지련관음은 동남동녀의 몸으로 제도하고, 쇄수관음은 물에 떠내려갈 때 구원한다.

  33관음보살의 명칭과 형상을 최초로 나타낸 책은 『불상도휘』(1783년 일본 간행)다.

33관음보살

- 관음신앙과 더불어 긴 세월 속에 각 지역 이야기가 경전 내용과 어울리며 등장
- 『법화경』-「관세음보살보문품」 내용과 연결됨.
- 33관음 명칭과 형상을 최초로 나타낸 책: 『불상도휘』(1783년 일본 간행)

1. 양류관음: 자비의 화신, 애욕 없앰 2. 용두관음: 천, 용, 야차 등 제도
3. 지경관음: 성문의 몸으로 제도 4. 원광관음: 빛이나 불을 나타내어 중생 제도
5. 유희관음: 높은 곳에서 떨어지더라도 상하지 않게 구원 6. 백의관음: 비구, 비구니 몸으로
제도 7. 연화관음: 소왕 몸으로 제도 8. 농견관음: 불구덩이를 연못으로 변하게 함.
9. 시약관음: 병을 제거 10. 어람관음: 바다에서 악귀나 나찰을 만났을 때 우리를 보살펴줌.
11. 덕왕관음: 범왕의 몸으로 제도 12. 수월관음: 벽지불의 몸으로 제도 13. 일엽관음:
재관의 몸으로 제도 14. 청경관음: 부처님의 몸으로 제도 15. 위덕관음: 천대장군의
몸으로 제도 16. 중보관음: 장자의 몸으로 제도 17. 암호관음: 독한 벌레나 뱀으로부터
구원 18. 연명관음: 저주와 주문으로부터 구원 19. 능정관음: 배가 표류를 하였을 때 구원
20. 아욕관음: 독룡과 잡귀신들로부터 구원 21. 아마제관음: 비사문의 몸으로 제도
22. 엽의관음: 제석천의 몸으로 제도 23. 유리관음: 자재천의 몸으로 제도
24. 다라존관음: 원수들의 둘러싸임에서 보호 25. 합리관음: 보살의 몸으로 제도
26. 육시관음: 거사의 몸으로 제도 27. 보비관음: 대자재천의 몸으로 제도
28. 마랑부관음: 부녀의 몸으로 제도 29. 합장관음: 바라문의 몸으로 제도
30. 일여관음: 무서운 우박과 큰비의 어려움에서 보호 31. 불이관음: 금강신의 몸으로 구원
32. 지련관음: 동남동녀의 몸으로 제도 33. 쇄수관음: 물에 떠내려갈 때 구원

〈신묘장구대다라니〉

나모 라다나 다라야야 나막알약 바로기제 새바라야 모지사다바야 마하사다바야 마하가로 니가야 옴 살바 바예수 다라나 가라야 다사명 나막 가리다바 이맘알야 바로기제 새바라 다바 니라간타 나막하리나야 마발다 이사미 살발타 사다남 수반아예염 살바보다남 바바마라 미수다감 다냐타 옴 아로계 아로가 마지로가 지가란제 혜혜하례 마하모지 사다바 사마라 사마라 하리나야 구로구로 갈마 사다야 사다야 도로도로 미연제 마하미연제 다라다라 다린 나례 새바라 자라자라 마라미마라 아마라 몰제예혜혜 로계새바라 라아 미사미 나사야 나베사미사미 나사야 모하자라 미사미 나사야 호로호로 마라호로 하례 바나마나바 사라사라 시리시리 소로소로 못쟈못쟈 모다야 모다야 매다리야 니라간타 가마사 날사남 바라하라나야 마낙 사바하 싯다야 사바하 마하싯다야 사바하 싯다유예 새바라야 사바하 니라간타야 사바하 바라하 목카싱하 목카야 사바하 바나마 하따야 사바하 자가라 욕다야 사바하 상카섭나네 모다나야 사바하 마하라 구타다라야 사바하 바마사간타 이사시체다 가릿나 이나야 사바하 먀가라 잘마니바 사나야 사바하 나모 라다나 다라야야 나막알야 바로기제 새바라야 사바하

– 띄어쓰기는 조계종 표준『우리말 천수경』과 같다.

〈신묘장구대다라니〉는 『천수경』의 핵심

"이러한 원을 일으키고서는 지극한 마음으로 저의 이름을 부르고, 또한 저의 본사이신 아미타여래를 오로지 생각합니다. 그런 다음 이 다라니신주를 외워야 합니다. 하룻밤에 5편을 외우면 몸 가운데 백천만억겁 생사 가운데 지은 무거운 죄를 없애게 됩니다."

– 『천수천안관세음보살광대원만무애대비심다라니경』

십원, 육향의 원을 일으키고서 관세음보살과 아미타불을 오로지 생각한 다음에 이 〈신묘장구대다라니〉를 외운다. 『천수경』을 '천수다라니', '천수대비주'라고 할 정도로 〈신묘장구대다라니〉는 『천수경』의 핵심이다.

〈신묘장구대다라니〉(신비하고 오묘한 긴 구절의 다라니)는 헤아리기 힘든 신기하고 미묘하며 불가사의한 내용을 담고 있는 큰 다라니이다. 관세음보살의 넓고 크고 원만하여 장애 없는 자비심 그 자체다. 광대원만무애대비심대다라니이다. 그래서 경전에는 '광대원만무애대비심대다라니신묘장구다라니'로 되어 있다. 줄여서 대비신주라 한다. 광대원만무애대비심대다라니가 곧 신묘장구다라니이다.

다라니는 총지(總持), 능지(能持), 능차(能遮) 등으로 번역한다. 짧막한 말속에 많은 의미가 있다. 다라니는 '긴 경전에 있는 근본 원리를 짧게 요약한 글귀'를 의미하였다. 한량없이 깊고 많은 뜻을 간직하며[총지], 선법을 능히 가지고[능지], 갖가지 악법을 막아 주고 물리친다[능차]. 단순하게 드러난 말의 뜻만 해석하면 진실한 뜻을 훼손하게 된다. 이런 이유로 예로부터 번역하지 않고 인도어 그대로 음사하였다. 이미 앞에서 언급하였다. 여기서도 번역하지 않는다.

굳이 내용을 살펴보자면, 불법승 삼보에 대한 귀의, 관세음보살에 대한 귀의, 관세음보살 공덕에 대한 찬탄, 관세음보살 가피를 기원하는 내용 등이다. 그 가운데 관세음보살의 지혜와 자비와 위신력, 그리고 여러 모습을 담고 있다.

신묘장구대다라니

- 『천수경』의 핵심
- 헤아리기 힘든 신기하고 미묘하며 불가사의한 내용을 담고 있는 큰 다라니
- 관세음보살의 넓고 크고 원만하며 장애 없는 자비심 그 자체
- 광대원만무애대비심대다라니, 신묘장구다라니, 신묘장구다라니, 대비신주, 대비심다라니, 천수다라니 등으로 불림.

〈신묘장구대다라니〉에 담긴 보살의 마음

"대자비심(大慈悲心)이 이것이며, 평등심(平等心)이 이것이며, 무위심(無爲心)이 이것
이며, 무염착심(無染著心)이 이것이며, 공관심(空觀心)이 이것이며, 공경심(恭敬心)이
이것이며, 비하심(卑下心)이 이것이며, 무잡란심(無雜亂心)이자 무견취심(無見取心)이
이것이며, 무상보리심(無上菩提心)이 이것이다. 이러한 마음이 이 다라니의 모습임
을 마땅히 알라. 그대는 마땅히 이를 의지하여 수행하라."

-『천수천안관세음보살광대원만무애대비심다라니경』

"이 다라니의 모습〔상모(相貌)〕을 자세히 말씀해 주십시오."라는 대범천왕의 청에
대한 관세음보살의 답변이다. 〈신묘장구대다라니〉는 '대비심대다라니'다. 이 다
라니는 대자비한 보살의 마음이다. 이 다라니의 모습을 10가지 마음으로 설명하
였다.(혹은 무견취심을 제외하고 9가지 마음으로 본다. 무잡란심과 무견취심을 하나로 본 듯하다. 경전에서
도 무잡란심과 무견취심을 연결하여 언급한다.)

크나큰 자비의 마음〔대자비심〕, 치우침 없이 평등한 마음〔평등심〕, 조작하고 분별
하는 작용이 사라진 마음〔무위심〕, 물듦 없는 청정한 마음〔무염착심〕, 공(空)의 이치로
보는 마음〔공관심〕, 늘 공경하는 마음〔공경심〕, 자신을 낮추는 마음〔비하심〕, 어지러운
잡생각이 없는 마음〔무잡란심〕, 어떤 견해에 집착함이 없는 마음〔무견취심〕, 위 없는
깨달음을 구하려는 마음〔무상보리심〕이다.

〈신묘장구대다라니〉에는 이러한 마음이 함께한다. 그리고 이 다라니에 의해
이러한 마음이 일어난다. 이 다라니는 대자비심의 근본이고, 뒤의 평등한 마음
등은 자비심을 이루어내는 법이다. 그러므로 '대비심다라니'라고 한다.

이 다라니를 외우는 자는, 위 없는 깨달음의 마음을 일으키고, 중생들을 구제
할 대자비심의 서원을 세우며, 평등한 마음 등을 이루고자 이 다라니를 끊어짐
이 없이 늘 외워야 한다.

<신묘장구대다라니>에 담긴
보살의 마음

대자비심(大慈悲心)	크나큰 자비의 마음
평등심(平等心)	치우침 없이 평등한 마음
무위심(無爲心)	조작하고 분별하는 작용이 사라진 마음
무염착심(無染著心)	물듦 없는 청정한 마음
공관심(空觀心)	공의 이치로 보는 마음
공경심(恭敬心)	늘 공경하는 마음
비하심(卑下心)	자신을 낮추는 마음
무잡란심(無雜亂心)	어지러운 잡생각이 없는 마음
무견취심(無見取心)	어떤 견해에 집착함이 없는 마음
무상보리심(無上菩提心)	위 없는 깨달음을 구하려는 마음

〈신묘장구대다라니〉의 다양한 이름과 공덕

"이러한 신주는 여러 가지 이름이 있다. 일명은 광대원만(廣大圓滿)이고, 일명은 무애대비(無礙大悲)이며, 일명은 구고다라니(救苦陀羅尼)이며, 일명은 연수다라니(延壽陀羅尼)이며, 일명은 멸악취다라니(滅惡趣陀羅尼)이며, 일명은 파악업장다라니(破惡業障陀羅尼)이며, 일명은 만원다라니(滿願陀羅尼)이며, 일명은 수심자재다라니(隨心自在陀羅尼)이며, 일명은 속초상지다라니(速超上地陀羅尼)이다. 이와 같이 받들어야 한다."

— 『천수천안관세음보살광대원만무애대비심다라니경』

석가모니부처님이 아난존자에게 하신 말씀이다. 〈신묘장구대다라니〉의 공덕은 불가사의(不可思議)다. 생각할 수 없고 논의할 수 없다. 어떤 말로도 그 공덕을 다 담아낼 수 없다. 그러나 그 공덕을 언급하지 않으면 중생은 알 수 없다. 그러므로 공덕을 자세하게 언급하거나, 이름에 공덕을 담아 나타낸다.

'천수천안관자재보살광대원만무애대비심대다라니'가 대표적인 이름이다. 천수천안관세음보살의 넓고 크고 원만하여 장애가 없는 대비심인 큰 다라니다. 경전에는 '광대원만(廣大圓滿, 넓고 크고 원만하다)', '무애대비(無礙大悲, 장애 없는 대비)'로 나누어 언급하였다. 그리고 구체적인 공덕을 담은 이름을 언급한다.

모든 괴로움으로부터 구제하므로 구고다라니(救苦陀羅尼), 목숨을 길게 하므로 연수다라니(延壽陀羅尼), 악취[지옥, 아귀, 축생 등]을 없애므로 멸악취다라니(滅惡趣陀羅尼), 악업으로 인한 장애를 부숴버리므로 파악업장다라니(破惡業障陀羅尼), 바라는 모든 원을 채워주므로 만원다라니(滿願陀羅尼), 마음 따라 자재하게 하므로 수심자재다라니(隨心自在陀羅尼), 높은 수행 단계를 빨리 뛰어넘게 하므로 속초상지다라니(速超上地陀羅尼)다.

어찌 이 이름만 있겠는가. 공덕이 불가사의한 만큼 그 이름의 수도 불가사의다.

〈신묘장구대다라니〉의 다양한 이름과 공덕

광대원만(廣大圓滿) – 넓고 크고 원만함.

무애대비(無礙大悲) – 장애 없는 대비

구고다라니(救苦陀羅尼) – 모든 괴로움으로부터 구제

연수다라니(延壽陀羅尼) – 목숨을 길게 함.

멸악취다라니(滅惡趣陀羅尼) – 악취[지옥, 아귀, 축생 등]을 없앰.

파악업장다라니(破惡業障陀羅尼) – 악업으로 인한 장애를 부숴 버림.

만원다라니(滿願陀羅尼) – 바라는 모든 원을 채워 줌.

수심자재다라니(隨心自在陀羅尼) – 마음 따라 자재하게 함.

속초상지다라니(速超上地陀羅尼) – 높은 수행 단계를 빨리 뛰어넘게 함.

어찌 이 이름만 있겠는가.
공덕이 불가사의한 만큼
그 이름의 수도 불가사의다.

〈신묘장구대다라니〉에 담긴 관세음보살의 강한 원력

십원과 육향은 관세음보살의 원력이자 〈신묘장구대다라니〉의 공덕이다. 『천수천안관세음보살광대원만무애대비심다라니경』에는 십원과 육향을 이어서 〈신묘장구대다라니〉에 대한 관세음보살의 강한 원력을 언급한다. 내용은 이렇다.

- 만약 대비신주를 외우는 자가 삼악도에 떨어진다면 저는 성불하지 않겠습니다.
- 만약 대비신주를 외우는 자가 부처님 나라에 태어나지 못한다면 저는 성불하지 않겠습니다.
- 만약 대비신주를 외우는 자가 한량없는 삼매와 변재〔가르침을 전하는 말 재주〕를 얻지 못한다면 저는 성불하지 않겠습니다.
- 만약 대비신주를 외우는 자가 현재 삶에서 구하는 바를 이루지 못한다면 이 다라니는 대비심다라니가 될 수 없습니다. 그러나 옳지 못한 일을 위해 외우거나 지성으로 외우지 않을 때는 제외합니다.
- 만약 모든 여인이 여자 몸을 싫어하여 남자 몸을 이루고자 대비다라니의 글귀를 외워 지녔는데 남자 몸을 이루지 못한다면 저는 성불하지 않겠습니다. 그러나 조금이라도 의심을 일으키면 결코 그것을 이루지 못합니다.
- 만약 대비다라니를 외우게 되면, 시방의 스승님〔불보살님〕이 오셔서 온갖 죄업장이 모두 없어지는 것을 증명해 주십니다. 모든 악업의 무거운 죄가 모두 다 사라집니다. 그러나 대비신주에 의심을 일으킨 경우는 제외합니다.

이처럼 대비신주, 〈신묘장구대다라니〉에 이러한 공덕이 없다면, 관세음보살은 성불하지 않겠다고 한다. 또한 대비심다라니가 될 수 없다고 단언한다. 이렇게 단호하게 말한 정도로 대비신주에는 관세음보살의 강한 원력이 있다. 성불하지 않겠다는 말이나 대비심다라니가 될 수 없다는 말은 같은 의미다. 즉 관세음보살의 원력과 대자비심은 바로 〈신묘장구대다라니〉의 공덕으로 드러난다.

〈신묘장구대다라니〉에 담긴
관세음보살의 강한 원력

만약 대비신주를 지송하는 자가

▶ 삼악도에 떨어진다면,

▶ 부처님 나라에 태어나지 못한다면,

▶ 한량없는 삼매와 변재를 얻지 못한다면,

▶ 현재 삶에서 구하는 바를 이루지 못한다면,

▶ 여자 몸을 싫어하며 남자 몸을 이루지 못한다면,

▶ 모든 악업의 무거운 죄가 모두 사라지지 않으면,

저는 성불하지 않겠습니다.

이 다라니는 대비심다라니가 될 수 없습니다.

∴ 관세음보살의 원력과 대자비심은 〈신묘장구대다라니〉의 공덕으로 드러남.

대비신주를 외운 공덕

"세존이시여, 만약 모든 사람과 하늘이 대비신주를 외워 지닌다면, 15가지 좋은 경우로 태어나고, 15가지 나쁜 경우로 죽지 않습니다.

15가지 나쁜 경우로 죽지 않음은, 첫째 배고픈 고통으로 죽지 않고, 둘째 옥에 갇혀 매 맞아 죽지 않고, 셋째 원수와 상대해서 죽지 않고, 넷째 전쟁터에서 서로 싸워 죽지 않고, 다섯째 사나운 짐승에게 물려 죽지 않고, 여섯째 독한 뱀·전갈에게 물려 죽지 않고, 일곱째 불에 타 죽거나 물에 빠져 죽지 않고, 여덟째 독약을 먹고 죽지 않고, 아홉째 독벌레 독으로 죽지 않고, 열째 미쳐서 정신을 잃어 죽지 않고, 열한째 산·나무·낭떠러지에서 떨어져 죽지 않고, 열두째 나쁜 사람의 저주로 죽지 않고, 열셋째 사악한 신·악귀에 홀려 죽지 않고, 열넷째 몹쓸 병이 온몸을 덮어서 죽지 않고, 열다섯째 자살로 죽지 않습니다.

대비신주를 외우는 자는 이와 같은 나쁜 경우로 죽지 않으며, 15가지 좋은 경우로 태어납니다.

15가지 좋은 경우로 태어남은, 첫째 태어난 곳마다 좋은 왕을 늘 만나고, 둘째 좋은 나라에 늘 태어나고, 셋째 좋은 때를 늘 만나고, 넷째 좋은 벗을 늘 만나고, 다섯째 신체에 늘 결함이 없으며, 여섯째 도를 향하는 마음이 무르익으며, 일곱째 계를 범하지 않으며, 여덟째 가정이 늘 화목하며, 아홉째 필요한 재물과 음식이 늘 풍족하며, 열째 다른 사람의 공경과 도움을 늘 받으며, 열한째 가진 재물과 보배를 남들이 훔치지 않으며, 열두째 구하고자 하는 것을 모두 이루며, 열셋째 하늘·용·착한 신이 늘 옹호해 주며, 열넷째 태어난 곳마다 부처님을 뵙고 법을 들으며, 열다섯째 들은 바른 법의 깊은 뜻을 깨치게 됩니다.

만약 대비심다라니를 외워 지닌다면, 이와 같은 15가지 좋은 경우로 태어납니다. 모든 하늘과 사람들은 늘 외워 지니고 게으름을 피우지 말아야 합니다."

- 『천수천안관세음보살광대원만무애대비심다라니경』

대비신주를 외운 공덕

★ 대비신주를 외운 공덕으로 15가지 나쁜 경우로 죽지 않음.

① 배고픈 고통으로 죽지 않음. ② 옥에 갇혀 매 맞아 죽지 않음.

③ 원수와 상대해서 죽지 않음. ④ 전쟁터에서 서로 싸워 죽지 않음.

⑤ 사나운 짐승에게 물려 죽지 않음. ⑥ 독한 뱀, 전갈에게 물려 죽지 않음.

⑦ 불에 타 죽거나 물에 빠져 죽지 않음. ⑧ 독약을 먹고 죽지 않음.

⑨ 독벌레 독으로 죽지 않음. ⑩ 미쳐서 정신을 잃어 죽지 않음.

⑪ 산, 나무, 낭떠러지에서 떨어져 죽지 않음. ⑫ 나쁜 사람의 저주로 죽지 않음.

⑬ 사악한 신, 악귀에 홀려 죽지 않음. ⑭ 몹쓸 병이 온몸을 덮어서 죽지 않음.

⑮ 자살로 죽지 않음.

★ 대비신주를 외운 공덕으로 15가지 좋은 경우로 태어남.

① 태어난 곳마다 좋은 왕을 늘 만남. ② 좋은 나라에 늘 태어남.

③ 좋은 때를 늘 만남. ④ 좋은 벗을 늘 만남. ⑤ 신체에 늘 결함이 없음.

⑥ 도를 향하는 마음이 무르익음. ⑦ 계를 범하지 않음. ⑧ 가정이 늘 화목함.

⑨ 필요한 재물과 음식이 늘 풍족함. ⑩ 다른 사람의 공경과 도움을 늘 받음.

⑪ 가진 재물과 보배를 남들이 훔치지 않음. ⑫ 구하고자 하는 것을 모두 이룸.

⑬ 하늘, 용, 착한 신이 늘 옹호해 줌.

⑭ 태어난 곳마다 부처님을 뵙고 법을 들음.

⑮ 들은 바른 법의 깊은 뜻을 깨치게 됨.

의심 없이 지극한 마음으로 외우다

〈신묘장구대다라니〉를 외울 때 이러저러한 공덕이 없다면, 관세음보살은 성불하지 않겠다고 발원할 정도로 〈신묘장구대다라니〉의 공덕은 뛰어나다. 그런데 외운다고 해서 무조건 공덕이 있는 것은 아니다.

> 대비신주를 외우면 현재의 삶 가운데서 모든 구하는 바를 이룰 수 있다. 그러나 옳지 못한 일을 위해 외우거나 지성으로 외우지 않을 때는 제외한다. 또는 대비신주를 외우면 모든 악업과 무거운 죄를 없앨 수 있다. 그러나 대비신주에 의심을 일으킨 경우는 제외한다. 의심을 일으키면, 가벼운 업과 작은 죄도 없앨 수 없는데, 어떻게 무거운 죄를 없앨 수 있겠는가. 오히려 깨달음을 이루는 원인마저 멀어지게 한다.
> — 『천수천안관세음보살광대원만무애대비심다라니경』 발췌

이처럼 〈신묘장구대다라니〉에는 관세음보살의 강한 원력이 담겨 있지만, 대비신주를 옳지 못한 일을 위해 외우거나 건성으로 외우거나 조금이라도 의심하는 마음이 있는 경우에는 그 공덕이 드러나지 않는다. 그러므로 바른 일을 위해 지극한 마음으로 독송해야 한다. 무엇보다 의심 없이 독송해야 한다. 독송하는 마음에 벌써 의심이 있는데, 어찌 공덕이 함께하겠는가.

대부분 〈신묘장구대다라니〉를 입으로는 열심히 독송하는데 마음은 딴 생각이다. 입으로는 독송하고[구업(口業)], 몸은 바르게 하고[신업(身業)], 마음은 독송 소리에 집중하거나 관세음보살을 생각해야 한다[의업(意業)]. 신구의(身口意) 삼업이 하나가 되어야 한다. 그리고 그 삼업이 관세음보살의 삼업과 하나가 되도록 의심 없이 지극한 마음으로 독송한다. 그 순간 관세음보살의 공덕과 가피가 함께한다.

〈신묘장구대다라니〉를 의심 없이 지극한 마음으로 외우다

"대비신주를 외우면 현재의 삶 가운데서 모든 구하는 바를 이룰 수 있다. 그러나 옳지 못한 일을 위해 외우거나 지성으로 외우지 않을 때는 제외한다. 또는 대비신주를 외우면 모든 악업과 무거운 죄를 없앨 수 있다. 그러나 대비신주에 의심을 일으킨 경우는 제외한다. 의심을 일으키면, 가벼운 업과 작은 죄도 없앨 수 없는데, 어떻게 무거운 죄를 없앨 수 있겠는가. 오히려 깨달음을 이루는 원인마저 멀어지게 한다."

『천수천안관세음보살광대원만무애대비심다라니경』 발췌

〈신묘장구대다라니〉를 독송하는 횟수의 의미

『천수경』을 독송할 때 다라니 전체를 3편 외우거나, 마지막 구절 '나모 라다나 다라야야 나막알야 바로기제 새바라야 사바하' 만을 3편 외운다. 이렇게 3편 외우는 의미를 의식집 『삼문직지』 등에서는 다음과 같이 설명한다.

> "3편 외우는 것은, 첫째 오염된 인연을 없애고, 둘째 마음의 장애를 떨쳐버리고, 셋째 법계〔진리 세계〕의 청정을 펼치고자 함이다. 이것은 곧 삼변정토(三變淨土)의 뜻이다. 그런데 본래 1편 혹은 5편 외우지만 임의로 하면 된다. 관음보살은 보살 초지(初地)에서 이 법을 듣고 제9지로 바로 들어갔다. 곧 그 공덕을 알 수 있다."

삼변정토는 예토를 정토로 3번 변화시켰다는 뜻이다. 『법화경』 「견보탑품」의 내용이다. 석가모니부처님은 시방세계 당신의 분신 부처님을 모두 법회로 청하기 위해 사바세계와 수많은 8방의 국토를 3번에 걸쳐 모두 청정하게 하셨다.

따라서 다라니를 3편 외우는 것은, 오염된 인연을 없애고, 마음의 장애를 떨쳐버리고, 법계의 청정을 펼치고자 함인데, 그것은 결국 정토를 이루고자 함이다.

"본래 1편 또는 5편 외우지만 임의로 하면 된다."고 하였듯이, 〈신묘장구대다라니〉 독송은 특정 횟수가 정해지지 않았다. 경전에서도 1독, 5독, 21독, 108독 등을 언급한다. 여건에 따라 다양하게 정할 수 있다. 횟수마다 나름의 의미를 담기도 한다. 짧게는 1독·3독을 하지만, 7독·33독, 길게는 108독을 한다. 7독·33독은 7관음·33관음 응신과 연관되고, 108독은 108번뇌를 다스리는 108지혜와 연관된다. 그 외 그 숫자에 맞는 다른 의미를 부여할 수도 있다.

관세음보살이 다라니 법문을 듣고 공덕이 있었듯이, 우리 또한 〈신묘장구대다라니〉를 지성으로 외우면 공덕이 함께함을 가히 알 수 있으리라.

〈신묘장구대다라니〉를 독송하는 횟수의 의미

3편 외우는 이유

첫째 오염된 인연을 없애고,

둘째 마음의 장애를 떨쳐버리고,

셋째 법계[진리 세계]의 청정을 펼치고자 함이다.

∴ 이는 곧 정토를 이루고자 함.

"본래 1편 또는 5편 외우지만 임의로 하면 된다." (『삼문직지』)

7독, 33독 - 7관음, 33관음 응신

108독 - 108번뇌를 다스리는 108지혜

그 외 숫자에 맞는 다른 의미를 부여할 수도 있음.

청정하게 장엄한 도량에 삼보께서 강림하시다

〈신묘장구대다라니〉를 외운 뒤 〈사방찬〉과 〈도량찬〉을 한다. 앞 〈신묘장구대다라니〉 3독의 의미는 정토를 이루고자 함이다. 지금 〈사방찬〉으로 도량을 청정하게 장엄하여 이 도량이 정토가 됨을 찬탄한다. 그리고 〈도량찬〉으로 이 청정한 도량에 삼보와 호법신중이 강림함을 찬탄하고 옹호해 주시길 기원한다.

〈신묘장구대다라니〉까지는 『천수천안관세음보살광대원만무애대비심다라니경』 등에 있는 글이지만, 〈사방찬〉부터는 그 경전에 있는 글이 아니다. 찬탄, 참회, 권청, 발원, 귀의 등을 올곧게 행하여 기도의 효과를 더할 수 있도록 후대에 첨가한 의식문이다. 그런데 그 경전에도 찬탄, 참회, 권청, 발원, 귀의 등의 내용이 있다. 따라서 그 경전의 내용에 따라 의식문을 구성하였다고도 볼 수 있다. 〈사방찬〉과 〈도량찬〉의 찬탄문도 그러하다.

가령, 〈사방찬〉은 물을 뿌려 도량을 장엄하는 결계(結界) 의식인데, 경전에는 "결계는 … 혹은 깨끗한 물을 가져 이 다라니 21편을 외우고 사방 상하로 뿌려서 경계를 삼는다."라고 한다. 결계는 법회나 불법을 닦기 위해 깨끗한 구역을 설정하는 일이다. 〈도량찬〉은 도량에 강림한 삼보와 호법신중을 찬탄하며 옹호해 주시길 기원하는데, 경전에는 '다라니를 외우면 불보살님과 신중들이 옹호해 준다.'고 한다.

실제 도량을 꾸미는 의례에는 물을 뿌리는 등 결계 의식 등을 진행하지만, 『천수경』을 독송할 때 〈사방찬〉 등을 외우면서 물을 뿌리거나 하지는 않는다. 그렇지만 몸과 마음을 바르게 하여 독송함으로써 그 모든 의식을 진행하는 셈이다. 따라서 단지 글만 읽는 독송이 아니라 의식을 진행하는 독송이다.

그리고 〈사방찬〉과 〈도량찬〉은 도량 장엄과 삼보 강림에 대한 찬탄의 뜻을 나타내지만, 도량 장엄과 삼보 강림을 바라는 마음도 담겨 있다. 특히 〈도량찬〉은 삼보와 신중의 옹호를 바라는 기원의 뜻이 함께한다.

사방찬과 도량찬

- 청정하게 장엄한 도량에 삼보께서 강림하심을 찬탄하는 게송
- 〈사방찬〉으로 도량을 청정하게 장엄하며 이 도량이 정토가 됨을 찬탄
- 〈도량찬〉으로 이 청정한 도량에 삼보와 호법신중이 강림함을 찬탄하고 옹호해 주시길 기원
- 도량 장엄과 삼보 강림을 바라는 기원의 뜻이 함께함.

사방에 물을 뿌려 청정해짐을 찬탄하는 게송

[사방찬]
일쇄동방결도량 一灑東方潔道場 **이쇄남방득청량** 二灑南方得淸凉
삼쇄서방구정토 三灑西方俱淨土 **사쇄북방영안강** 四灑北方永安康

앞에서 〈신묘장구대다라니〉를 독송하여 정토를 이루고자 하였다. 따라서 사방
으로 물을 뿌려 모든 곳이 청정하게 되었음을 찬탄하는 게송이 〈사방찬〉이다.

일쇄동방결도량(동쪽을 향해 물을 뿌려 도량을 청정하게 하고)

이쇄남방득청량(남쪽을 향해 물을 뿌려 청량한 국토를 얻고)

삼쇄서방구정토(서쪽을 향해 물을 뿌려 정토를 구족하고)

사쇄북방영안강(북쪽을 향해 물을 뿌려 영원한 편안함을 얻는다.)

사방에 물을 뿌리는 것은 도량을 청정하게 장엄하는 행법이다. 그런데 〈사방
찬〉은 도량이 청정하게 되었음을 찬탄하는 측면이 강하다. 영산재 의식 절차에
는 물 뿌리는 게송〔쇄수게(灑水偈)〕을 외우면서 사방으로 돌아 도량을 깨끗하게 장
엄한다. 그리고 〈사방찬〉을 외운다. 즉 〈사방찬〉은 물을 뿌린 후 온 사방이 청정
한 도량, 청량한 국토, 정토, 편안한 곳이 되었음을 찬탄한다.

물은 관세음보살이 가지고 있는 감로수다. 감로수는 일체 모든 세상을 맑게 한
다. 조금이라도 닿는 곳이면 깨끗하고 새롭게 변한다. 지금 이 도량에 감로수를
한 번 뿌리면 모두 청정해진다. 또는 〈신묘장구대다라니〉의 물이라고 풀이한다.
이 물은 대다라니 독송으로 함께하는 관세음보살의 가피다. 관세음보살의 가피
로 감로수를 사방에 뿌려 도량을 깨끗하게 장엄한다. 그리고 도량이 청정해졌음
을 찬탄한다. 또한 지금 찬탄하는 이 음성과 마음이 바로 감로수다.

따라서 깨끗한 마음으로 찬탄할 때, 이곳이 바로 청정한 도량이며, 청량하고
안락한 정토다. 정토는 멀리 있지 않다. 마음이 깨끗하면 이곳이 바로 정토다.

사방찬

— 사방으로 물을 뿌려 모든 곳이 청정하게 되었음을 찬탄하는 게송

물의 의미

- 물은 관세음보살이 가지고 있는 감로수
  감로수가 조금이라도 닿으면 깨끗하고 새롭게 변함.
- 〈신묘장구대다라니〉의 물, 관세음보살의 가피
- 관세음보살 가피로 감로수를 사방에 뿌려 도량을 깨끗하게 장엄함.

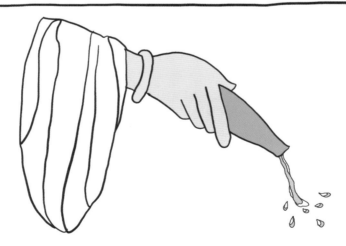

청정한 도량을 찬탄하는 게송

[도량찬]

도량청정무하예 道場淸淨無瑕穢 **삼보천룡강차지** 三寶天龍降此地

아금지송묘진언 我今持誦妙眞言 **원사자비밀가호** 願賜慈悲密加護

〈도량찬〉은 청정한 도량을 찬탄하는 게송이다. 〈사방찬〉에서 사방에 물을 뿌려 도량을 청정하게 하고 〈도량찬〉에서 청정한 도량을 찬탄하고, 강림하신 삼보와 호법신중을 찬탄한다. 아울러 대다라니를 지닌 자신을 옹호해 주길 기원한다.

도량청정무하예(도량이 청정하여 더러움이 티끌만큼도 없으니)

삼보천룡강차지(삼보와 천룡팔부가 이 자리에 강림하시네.)

도량은 보통 사찰을 말한다. 여기서는 법회를 말한다. 법단(法壇)이 도량이다. 또한 법회 주체는 우리 자신이므로 도량은 우리 마음이다. 청정한 마음이 청정한 도량이다. 지금 도량이 청정하여 더러움이 티끌만큼도 없다고 찬탄한다.

이 청정 도량에 불법승 삼보와 천룡팔부 호법신장이 강림하셨다. 혹은 강림을 청한다고도 풀이한다. 그러나 이미 삼보와 신중의 가피로 도량을 청정하게 하였고, 삼보와 신중은 이미 이 자리에 함께하셨다. 다시 청할 필요는 없다. 따라서 불법승 삼보와 천룡팔부 호법신중이 이 도량에 강림하심을 찬탄한다.

아금지송묘진언(제가 지금 묘한 진언을 지녀서 외우니)

원사자비밀가호(원컨대 자비를 베푸시어 은밀하게 지켜주소서.)

묘한 진언은 〈신묘장구대다라니〉다. 대다라니를 외우고, 깨끗한 물을 뿌려 도량을 청정하게 하였으니, 이 도량에 강림하신 삼보와 천룡팔부에게 자비로써 은밀하게 지켜달라고 간청한다. '은밀〔密〕하게'는 '알게 모르게'라는 뜻이다.

대다라니를 지닌 마음이 청정한 마음이다. 곧 청정한 도량이다. 그때 삼보와 신중들이 강림하여 은밀하게 지켜 주신다.

도량찬

- 청정한 도량 찬탄
- 강림하신 삼보와 호법신중 찬탄
- 대다라니 지닌 자신 옹호해 주길 기원

도량의 의미
- 보통 사찰을 말함.
- 여기서는 법회를 말함. 즉 법단(法壇)이 도량
- 우리 마음이 도량

대다라니 지닌 마음이 청정한 마음이고, 곧 청정한 도량
그때 삼보와 신중들이 강림하며 은밀하게 지켜 주심.

모든 것이 도량이다

도량에 대한 유마 거사와 광엄 동자의 대화다.

"거사님, 어디서 오십니까?"

"저는 도량에서 옵니다."

"도량이란 어디를 말합니까?"

"곧은 마음이 도량이니 거짓이 없기 때문입니다. 행을 일으키는 것이 도량이니 능히 일을 이루기 때문입니다. 깊은 마음이 도량이니 공덕을 더하기 때문입니다. 보리심이 도량이니 그릇됨이 없기 때문입니다. 보시가 도량이니 보답을 바라지 않기 때문입니다. 지계가 도량이니 발원을 갖추기 때문입니다. 인욕이 도량이니 모든 중생에게 마음에 걸림이 없기 때문입니다. 정진이 도량이니 게으르지 않기 때문입니다. 선정이 도량이니 마음이 조복되어 부드럽기 때문입니다. 지혜가 도량이니 현재에 모든 법을 보기 때문입니다. 자애[자(慈)]가 도량이니 중생들을 평등하게 여기기 때문입니다. 연민[비(悲)]이 도량이니 피곤함과 괴로움을 참기 때문입니다. 기쁘게 함[희(喜)]이 도량이니 법을 기뻐하고 좋아하기 때문입니다. 평등하게 대함[사(捨)]이 도량이니 미움과 사랑함이 끊어졌기 때문입니다. …

모든 번뇌가 도량이니 여실하게 알기 때문입니다. 중생이 도량이니 내가 없음을 알기 때문입니다. 온갖 법이 도량이니 모든 법이 공한 것을 알기 때문입니다. …

이와 같이, 선남자여, 만일 보살이 온갖 바라밀을 힘써 닦고 중생을 교화하고자 하면 발을 들고 내리는 동작까지도 모두 도량으로부터 와서 부처님의 가르침에 머무는 것이라고 알아야 합니다."

–『유마경』「보살품」

모든 것이 도량이다

곧은 마음이 도량	거짓이 없으므로
행을 일으키는 것이 도량	능히 일을 이루므로
깊은 마음이 도량	공덕을 더하므로
보리심이 도량	그릇됨이 없으므로
보시가 도량	보답을 바라지 않으므로
지계가 도량	발원을 갖추므로
인욕이 도량	모든 중생에게 마음에 걸림이 없으므로
정진이 도량	게으르지 않으므로
선정이 도량	마음이 조복되어 부드러우므로
지혜가 도량	현재에 모든 법을 보므로
자애[자(慈)]가 도량	중생들을 평등하게 여기므로
연민[비(悲)]이 도량	피곤함과 괴로움을 참으므로
기쁘게 함[희(喜)]이 도량	법을 기뻐하고 좋아하므로
평등하게 대함[사(捨)]이 도량	미움과 사랑함이 끊어졌으므로
모든 번뇌가 도량	여실하게 알므로
중생이 도량	내가 없음을 알므로
온갖 법이 도량	모든 법이 공한 것을 알므로

『유마경』 「보살품」

참회문, 불보살님 앞에서 모든 악업을 참회하다

〈사방찬〉, 〈도량찬〉이 끝나고 〈참회게〉, 〈참제업장십이존불〉, 〈십악참회〉, 〈이참게〉, 〈참회진언〉 등의 참회문이 이어진다. 참회 없는 발원은 모래로 밥을 짓는 것과 같다. 그래서 이후 이어지는 발원에 앞서 지금 참회를 한다.

> "사람이 많은 허물이 있는데도 스스로 뉘우치지 않고 그대로 지나버리면 죄는 몸에 이를 것이니, 마치 물이 바다로 돌아가 점점 깊고 넓게 되는 것과 같다. 만약 허물이 있더라도 스스로 그릇된 줄 알고 악을 고쳐 선을 행하면 죄가 저절로 없어질 것이니, 마치 병자가 땀을 내고 차차 회복되어 가는 것과 같다."   – 『사십이장경』

허물은 숨기면 숨길수록 커진다. 죄가 있으면 곧 참회하고, 잘못된 일이 있으면 부끄러워할 줄 아는 것이 참다운 용기다. 따라서 참회는 자신의 잘못을 뉘우치고 용서를 청하는 매우 중요한 수행법이다.

참회는 범어 크샤마(kṣama; 참는다)의 음역인 '참'에 '후회, 회과(悔過)'의 뜻인 '회'를 붙였다. 즉 참회는 죄를 참고 용서하는 것처럼 다른 사람에게 용서를 청하는 일이다. 그래서 '참'은 용서를 구하는 일이고, '회'는 다른 사람에게 자기의 죄를 고백하여 죄를 없애는 일이라고도 한다.

혜능 스님의 『육조단경』에는 "참이란 지나간 허물을 뉘우치는 것이다. … 회란 이후에 오는 허물을 뉘우치는 것이다."라고 한다. 또는 "참이란 종신토록 잘못을 짓지 않는 것이요, 회란 과거의 잘못을 아는 것이다."라고 한다.

정리하자면, 참회란 먼저 지은 허물을 뉘우치고 다시는 짓지 않겠다고 맹세하는 일이다. 그것은 또한 대중에게 고백하여 용서를 구하는 일이다. 따라서 안으로 자신을 꾸짖고 밖으로 허물을 드러내는 일이다.

참회문

— 불보살님 앞에서 모든 악업을 참회하다.

참회문의 구성

〈참회게〉 : 지난 모든 악업 참회하는 게송

〈참제업장십이존불〉 : 참회한 업장 없애 주시는 열두 부처님께 예경하며 자비를 구함.

〈십악참회〉 : 열 가지 악업 하나하나 참회(사참)

〈이참게〉 : 죄의 참모습 관찰하여 죄에서 벗어나는 참회 게송(이참)

〈참회진언〉 : 옴 살바 못자모지 사다야 사바하

참회(懺悔)

— 참회는 자신의 잘못을 뉘우치고 용서를 청하는 매우 중요한 수행법

— 먼저 지은 허물을 뉘우치고 다시는 짓지 않겠다고 맹세하는 일

— 대중에게 고백하여 용서를 구하는 일

— 안으로 자신을 꾸짖고 밖으로 허물을 드러내는 일

악업을 참회하는 게송

[참회게]

아석소조제악업 我昔所造諸惡業　**개유무시탐진치** 皆由無始貪瞋癡

종신구의지소생 從身口意之所生　**일체아금개참회** 一切我今皆懺悔

지금 〈참회게〉부터 불보살님 등 모든 대중에게 잘못을 고하여 용서를 구한다.

아석소조제악업(제가 지난 세월 지은 모든 악업은)＿ 참회는 지나간 허물뿐만 아니라 이후에 오는 허물을 뉘우치는 일이다. 과거 잘못을 뉘우치고, 종신토록 잘못을 짓지 않겠다는 맹세다. 따라서 '지난 세월〔昔〕 지은 모든 악업'이라 하였지만, 지금 또는 앞으로 지을 모든 악업을 말한다.

개유무시탐진치(시작 없는 때로부터 탐진치로 말미암아서)＿ 탐진치(탐욕과 성냄과 어리석음) 삼독으로 모든 악업은 시작한다. 모든 고통을 일으키므로 독(毒)이라 한다. 그중 어리석음〔癡〕이 가장 문제다. 무명(無明)이라 한다. 지혜〔明〕가 없다는 뜻이다. 어리석어 탐욕과 성냄이 일어나 업을 짓고, 업으로 괴로움을 받는다. 괴로움은 또 어리석음을 키운다. … 혹(惑)·업(業)·고(苦)·혹·업·고 …. 돌고 돈다. 처음을 알 수가 없다. 아니 처음이 없다. 그래서 '시작 없는 때로부터'다. 무시시래(無始時來), 무시래(無始來)로 표현한다.

종신구의지소생(몸과 입과 생각으로부터 일어난 것이니)＿ 모든 업은 몸과 입과 생각으로 짓는다. 신업·구업·의업이다. 삼업 가운데 시작은 의업이다. 의업의 근본은 탐진치 삼독이다. 모든 악업은 탐진치 삼독으로 말미암아서 신구의 삼업을 통해 생겨난다. 지금 그 악업을 대중 앞에 고한다.

일체아금개참회(모든 악업을 제가 지금 참회합니다.)＿ '모든 악업'이란 지난 악업뿐만 아니라 앞으로 지을 악업을 포함한다. 참회는 먼저 지은 허물을 뉘우치고 다시는 짓지 않겠다고 맹세임을 명심하자.

참회게

─ 모든 악업은 탐진치 삼독으로 말미암아 신구의 삼업을 통해 생겨남.
지금 그 악업을 대중 앞에 고함.
─ 『화엄경(40화엄)』「보현행원품」에 있는 게송

탐진치(貪瞋癡) 삼독(三毒)

─ 탐욕과 성냄과 어리석음
─ 모든 악업의 시작
─ 모든 고통을 일으키므로 독(毒)이라 한다.
─ 어리석음[치(癡)]이 가장 문제. 무명(無明) 지혜[명(明)]가 없다는 뜻

신구의(身口意) 삼업(三業)

─ 모든 업은 몸과 입과 생각으로 짓는다. 신업, 구업, 의업
─ 삼업 가운데 시작은 의업
─ 의업의 근본은 탐진치 삼독

행법에 의한 사참과 깨달음을 통한 이참

사참, 이참의 의미

참회에는 사참과 이참 두 가지가 있다. 사(事)는 드러난 하나하나 현상을 말하고, 리(理)는 드러난 현상의 본질을 말한다. 따라서 사참은 불보살님께 자신의 잘못을 몸과 말과 생각으로 드러내어 하나하나 악업을 참회하는 방법이다. 가령, 불상 앞에 예경하고 발원하여 하나하나 죄악을 참회하여 끊어 버린다. 이참은 본래일어난 바가 없는 죄의 참모습을 관찰하여 죄에서 벗어나는 참회법이다.

『천수경』에서 사참(事懺)과 이참(理懺)

〈참제업장십이존불(懺除業障十二尊佛)〉에서 부처님을 생각하며, 〈십악참회〉에서 열가지 나쁜 짓을 참회하는 것이 사참에 해당한다.

'**살생중죄금일참회**(살생한 무거운 죄 오늘 참회합니다.)

… **치암중죄금일참회**(어리석은 무거운 죄 오늘 참회합니다.)'

즉 살생, 도둑질, 그릇된 음행, 거짓말, 아첨한 말, 이간질한 말, 심한 욕, 탐욕, 성냄, 어리석음 등 나쁜 업을 하나하나 열거하며 부처님 전에 참회한다. 이것이 사참이다.

그리고 다음에 이어지는 게송은 이참에 해당한다.

'**백겁적집죄**(백겁이나 쌓여온 온갖 죄업도)

… **시즉명위진참회**(이것을 참다운 참회라고 이름하네.)'

즉, 지혜로써 죄의 자성을 올바르게 관하면, 그 죄의 자성이 본래 없어 마음을따라 일어남을 알게 된다. 그 순간 모든 죄업이 남음 없이 사라져서 자취가 없게 된다. 한 생각에 모든 죄업이 마른 풀이 불에 타서 없어지듯이 사라진다. 이것이 이참이다.

사참과 이참

사참(事懺)

- 불보살님께 자신의 잘못을 몸과 말과 생각으로 드러내어 하나하나 악업을 참회하는 방법
예) 〈십악참회〉
　　'살생중죄금일참회(살생한 무거운 죄 오늘 참회합니다.) …
　　　치암중죄금일참회(어리석은 무거운 죄 오늘 참회합니다.)'

이참(理懺)

- 본래 일어난 바가 없는 죄의 참모습을 관찰하여 죄에서 벗어나는 참회법
예) 〈이참게〉
　　'백겁적집죄(백겁이나 쌓여온 온갖 죄업도) …
　　　시즉명위진참회(이것을 참다운 참회라고 이름하네.)'

참회한 업장을 없애 주시는 열두 부처님

[참제업장십이존불]

나무 참제업장보승장불 南無 懺除業障寶勝藏佛

보광왕화염조불 寶光王火燄照佛

일체향화자재력왕불 一切香華自在力王佛

백억항하사결정불 百億恒河沙決定佛

진위덕불 振威德佛

금강견강소복괴산불 金剛堅强消伏壞散佛

보광월전묘음존왕불 寶光月殿妙音尊王佛

환희장마니보적불 歡喜藏摩尼寶積佛

무진향승왕불 無盡香勝王佛

사자월불 獅子月佛

환희장엄주왕불 歡喜莊嚴珠王佛

제보당마니승광불 帝寶幢摩尼勝光佛

오랜 겁 동안 악업을 지었다. 앞으로도 얼마나 많은 악업을 지을지 모른다. 자신만의 참회로 이 악업을 해결하기 쉽지 않다. 불보살님의 자비가 필요하다.

그러므로 지금 '참회한 업장을 없애 주시는 열두 부처님(참제업장십이존불)' 앞에 참회하며 자비를 구한다.

참제업장십이존불
(참회한 업장을 없애 주시는 열두 부처님)

나무 참제업장보승장불

보광왕화염조불

일체향화자재력왕불

백억항하사결정불

진위덕불

금강견강소복괴산불

보광월전묘음존왕불

환희장마니보적불

무진향승왕불

사자월불

환희장엄주왕불

제보당마니승광불

오랜 겁 동안 지은 악업
참회는 불보살님의 자비가
필요하다.

→ '참회한 업장을 없애주시는
열두 부처님' 앞에 참회하며
자비를 구한다.

참회한 업장을 없애 주시는 열두 부처님의 공덕

지금 열두 부처님의 자비를 구하고 부처님 앞에서 참회한다. 열두 부처님마다 참회 내용과 연결되는 발원이 있다. 그 발원으로 인해 부처님 명호를 부르거나 듣기만 해도 악업을 없앨 수 있다. 열두 부처님의 공덕을 다음과 같다.

보승장불 명호를 1번 외우면 일생에 축생을 타고 다닌 죄를 멸할 수 있다.

보광왕화염조불 명호를 1번 외우면 절 물건을 손상한 죄를 멸할 수 있다.

일체향화자재력왕불 명호를 1번 외우면 일생에 음행한 죄를 멸할 수 있다.

백억항하사결정불 명호를 1번 외우면 일생에 살생한 죄를 멸할 수 있다.

진위덕불 명호를 1번 외우면 일생에 악한 말〔악구〕한 죄를 멸할 수 있다.

금강견강소복괴산불 명호를 1번 외우면 아비〔무간〕지옥에 떨어지지 않는다.

보광월전묘음존왕불 명호를 1번 외우면 대장경을 1번 독송한 공덕을 얻는다.

환희장마니보적불 명호를 1번 외우면 다른 부처님을 외운 것과 같은 공덕을 얻는다.

무진향승왕불 명호를 외우면 무량겁의 죄를 초월하여 숙명지를 얻는다. 숙명지는 전생을 아는 신통 지혜다.

사자월불 명호를 듣기만 해도 오백만 억 아승기의 생사죄를 멸하고, 축생의 몸을 떠난다.

환희장엄주왕불 명호를 듣기만 해도 오백만 억 아승기의 생사죄를 멸한다.

제보당마니승광불 명호를 듣기만 해도 오백만 억 아승기의 생사죄를 멸한다.

이처럼 부처님의 명호를 일심으로 외우면 열두 부처님의 원력대로 우리가 지은 업장을 참회하여 없앨 수 있다. 그런데 어떻게 부처님의 공덕이 다를 수 있겠는가. 악업이 다양하기에 중생에 따라 다른 모습을 보일 뿐이다. 환희장마니보적불 명호를 1번 외우면 다른 부처님을 외운 것과 같은 공덕을 얻는다고 한다. 이는 모든 부처님께 공통되는 이야기다.

참회한 업장을 없애 주시는
열두 부처님의 공덕

보승장불 : 명호를 1번 외우면 일생에 축생을 타고 다닌 죄 소멸

보광왕화염조불 : 명호를 1번 외우면 절 물건을 손상한 죄 소멸

일체향화자재력왕불 : 명호를 1번 외우면 일생에 음행한 죄 소멸

백억항하사결정불 : 명호를 1번 외우면 일생에 살생한 죄 소멸

진위덕불 : 명호를 1번 외우면 일생에 악한 말한 죄 소멸

금강견강소복괴산불 : 명호를 1번 외우면 아비지옥에 떨어지지 않음

보광월전묘음존왕불 : 명호를 1번 외우면 대장경 1번 독송한 공덕을 얻음

환희장마니보적불 : 명호를 1번 외우면 다른 부처님 외운 것과 같은 공덕 얻음

무진향승왕불 : 명호를 외우면 무량겁의 죄를 초월하며 숙명지를 얻음

사자월불 : 명호를 듣기만 해도 오백만 억 아승기 생사죄 소멸, 축생 떠남

환희장엄주왕불 : 명호를 듣기만 해도 오백만 억 아승기 생사죄 소멸

제보당마니승광불 : 명호를 듣기만 해도 오백만 억 아승기 생사죄 소멸

- 악업이 다양하기에 중생에 따라 다른 모습을 보일 뿐, 환희장마니보적불 명호를 1번 외우면 다른 부처님을 외운 것과 같은 공덕을 얻는 것처럼, 모든 부처님이 그러하다.

다양한 부처님이 계시고, 부처님의 공덕에 차이가 있는 이유

참제업장십이존불 등 참으로 많은 부처님이 계신다. 천불전에는 천 분의 부처님이, 『만불명호집』에는 만 분의 부처님이 계신다. 그리고 관세음보살, 대세지보살 등 많은 보살이 있다. 그렇다면 왜 그렇게 많은 불보살님이 등장하는가? 이에 대해 여러 견해가 있을 수 있다. 두 가지 정도 제시해 보고자 한다.

첫째, '모든 이들이 부처님'이라고 한다. 그렇다면 석가모니부처님 이외에 과거, 현재, 미래 등 시간상 수많은 부처님이 계셔야 한다. 바로 과거칠불, 과거불인 연등부처님, 미래불인 미륵부처님 등이다. 또한 동남서북 공간상으로도 많은 부처님이 계셔야 한다. 서방정토 아미타불, 동방유리광정토 약사여래 등이다.

둘째, 우리 중생들은 너무도 다양하다. 살아온 과정이 달라 그 업이 천차만별이다. 그러한 업으로 인해 중생의 이해와 요구는 너무도 다양하다. 중생들이 불보살님께 바라는 바가 똑같을 수 없다. 그러한 바람에 따라 불보살님은 다양한 모습으로 나타난다. 어떤 이에게는 석가모니부처님, 어떤 이에게는 약사여래, 어떤 이에게는 관세음보살의 모습 등으로 나타난다.

한편, 그 많은 불보살님이 중생과 함께하는 시간과 공덕은 다르게 나타난다. 가령 석가모니부처님은 이 땅에서 80년간 계시면서 중생을 교화하고, 아미타부처님은 서방정토에서 이루 헤아릴 수 없는 겁 동안 중생을 교화하고, 미륵부처님은 이 땅에서 세 차례 법회에서 각각 96억, 94억, 92억 중생을 제도한다.

단순하게 보면 석가모니부처님의 공덕은 다른 부처님보다 못하다. 그러나 이것은 중생의 근기에 따라 드러난 차이일 뿐, 모든 부처님의 본래 공덕은 차이가 없다. 모든 부처님은 모두 비교할 수 없는 동등한 능력을 갖춘다. 단지 불보살님이 교화할 중생의 근기에 따라 불보살님의 원력이 각각 달라서 공덕에 차이가 나타날 뿐이다. 참제업장십이존불의 공덕 차이도 그러하다.

다양한 부처님이 계신 이유

① 모든 이들이 부처님 → 시간상 공간상 수많은 부처님이 계셔야 함.
예) 시간상 : 과거칠불, 과거불인 연등부처님, 미래불인 미륵부처님 등
     공간상 : 서방정토 아미타불, 동방유리광정토 약사여래 등
② 너무도 다양한 중생 → 중생의 이해와 요구에 따라 불보살님은
다양한 모습으로 나타남.
예) 석가모니부처님, 약사여래, 관세음보살, 지장보살 등

부처님의 공덕에 차이가 있는 이유

– 불보살님이 교화할 중생의 근기에 따라 드러난 차이일 뿐, 모든
부처님의 본래 공덕은 차이가 없음.
– 천백억화신석가모니불의 본래 공덕은 차이가 없지만, 교화할 중생의
근기에 따라 차이를 드러낼 뿐이다.

십악을 참회하다

[십악참회]

살생중죄금일참회 殺生重罪今日懺悔　　투도중죄금일참회 偸盜重罪今日懺悔

사음중죄금일참회 邪淫重罪今日懺悔　　망어중죄금일참회 妄語重罪今日懺悔

기어중죄금일참회 綺語重罪今日懺悔　　양설중죄금일참회 兩舌重罪今日懺悔

악구중죄금일참회 惡口重罪今日懺悔　　탐애중죄금일참회 貪愛重罪今日懺悔

진에중죄금일참회 瞋恚重罪今日懺悔　　치암중죄금일참회 癡暗重罪今日懺悔

〈참제업장십이존불〉 다음에 이어지는 〈십악참회〉는, 부처님을 생각하며 10가지 악업을 참회하는 사참(事懺)에 해당한다. 즉 십악을 하나하나 열거하며 부처님 전에 참회한다.

십악은 10가지로 끝나지 않는다. 스스로 지은 것, 다른 사람을 시켜 지은 것, 악법을 찬탄한 것, 악업 지은 자를 찬탄한 것, 총 40가지다. 먼 전생부터 앞으로 지을 악업까지 합치면 헤아릴 수 없다. 모두 참회해야 한다.

> "시작 없는 때로부터 오늘까지 몸과 입과 생각으로 십악업을 행하였습니다. 몸으로 살생·도둑질·음행을 하였고, 입으로 거짓말·꾸민 말·이간질·심한 말을 하였고, 생각으로 탐욕·성냄·어리석음을 행하였습니다. 스스로 십악을 행하였고, 다른 사람을 시켜 십악을 행하였습니다. 십악법을 찬탄하였고, 십악법을 행하는 자를 찬탄하였습니다. 이처럼 한순간에 40가지 악을 일으켰습니다. 이러한 죄가 헤아릴 수 없고 끝이 없습니다. 오늘 참회하오니 제거하여 없애 주소서."
>
> – 『자비도량참법(慈悲道場懺法)』

끝없는 악업을 혼자 감당할 수 없다. 불보살님을 생각하며 악업을 참회한다.

십악참회

살생한 무거운 죄 오늘 참회합니다.
도둑질한 무거운 죄 오늘 참회합니다.
사음한 무거운 죄 오늘 참회합니다.
거짓말한 무거운 죄 오늘 참회합니다.
꾸민 말한 무거운 죄 오늘 참회합니다.
이간질한 무거운 죄 오늘 참회합니다.
악한 말한 무거운 죄 오늘 참회합니다.
탐욕 낸 무거운 죄 오늘 참회합니다.
성낸 무거운 죄 오늘 참회합니다.
어리석은 무거운 죄 오늘 참회합니다.

부처님을 생각하며 10가지 악업을 하나하나 참회하는 사참(事懺)

십악과 신구의 삼업

살생중죄금일참회(살생한 무거운 죄 오늘 참회합니다.)

투도중죄금일참회(도둑질한 무거운 죄 오늘 참회합니다.)

사음중죄금일참회(사음한 무거운 죄 오늘 참회합니다.)

망어중죄금일참회(거짓말한 무거운 죄 오늘 참회합니다.)

기어중죄금일참회(꾸민 말한 무거운 죄 오늘 참회합니다.)

양설중죄금일참회(이간질한 무거운 죄 오늘 참회합니다.)

악구중죄금일참회(악한 말한 무거운 죄 오늘 참회합니다.)

탐애중죄금일참회(탐욕 낸 무거운 죄 오늘 참회합니다.)

진에중죄금일참회(성낸 무거운 죄 오늘 참회합니다.)

치암중죄금일참회(어리석은 무거운 죄 오늘 참회합니다.)

살생, 투도(도둑질), 사음(그릇된 음행)은 몸으로 짓는 업(신업)이고, 망어(거짓말), 기어(꾸민 말), 양설(이간질한 말), 악구(악한 말)는 입으로 짓는 업(구업)이고, 탐애(탐욕), 진에(성냄), 치암(어리석음)은 생각으로 짓는 업(의업)이다.

　여기서 탐애, 진에, 치암은 곧 탐진치 삼독이다. 어떤 의식집에서는 '삼독중죄금일참회'라고 하여 탐애·진에·치암을 하나로 묶어 참회한다. 모든 악업의 시작이 삼독이다. 말과 행동도 조심해야 하지만 마음을 다스려야 하는 이유다.

십악과 신구의 삼업

신업

살생, 투도(도둑질), 사음(그릇된 음행)

구업

망어(거짓말), 기어(꾸민 말), 양설(이간질한 말), 악구(악한 말), 탐애(탐욕)

의업

진에(성냄), 치암(어리석음)

십악은 10가지로 끝나지 않는다. 스스로 지은 것, 다른 사람 시켜 지은 것, 악법을 찬탄한 것, 악업 지은 자를 찬탄한 것, 총 40가지다. 먼 전생부터 앞으로 지을 악업까지 합치면 헤아릴 수 없다.
　모두 참회해야 한다.

『자비도량참법』에서 요약

십악에 대한 간단한 풀이

몸으로 짓는 3가지 악업인 살생, 투도, 사음을 간단하게 알아보자.

'살생'은 산목숨을 죽이는 행위다. 산목숨을 죽인 행위부터 죽음에 이르게 하는 행위까지 모두 살생이다.

'투도'는 주지 않은 남의 물건을 취하는 행위다, 도둑질이다. 개인과 공공 물건을 빼앗고 훔치고 속여서 갖고, 세금과 차비 등을 속이고 내지 않아도 투도다.

'사음'은 그릇된 음행이다. 신도 오계에는 '그릇된 음행(사음)을 하지 말라.'고 하고, 출가자에게는 '음행하지 말라.'고 한다. 재가자에겐 부부간의 관계 등을 인정하기 때문에 음행이 아니라 '그릇된 음행(사음)'이다. 그런데 재가자가 특정한 날 지키는 팔재계에는 '음행하지 말라.'다. 이때는 부부간의 관계도 금한다.

입으로 짓는 4가지 악업인 망어 · 기어 · 양설 · 악구를 간단하게 알아보자. 오계에서는 이 모두를 망어(거짓말)에 포함하지만, 십악에서는 각각 구분한다.

'망어'는 헛된 말로서 거짓말이다. 사실과 다르게 하는 말이다. 그런데 다른 이의 급한 재난을 돕고자 방편으로써 하는 거짓말은 죄가 되지 않는다.

'기어'는 비단결같이 좋게 꾸민 말이다. 구수한 말을 늘어놓으며 남의 마음을 어지럽게 한다. 아첨하는 말, 유혹하는 말이 여기에 해당한다.

'양설'은 두 개의 혀, 즉 이간질하는 말이다. 또는 처음에는 칭찬하다가 나중엔 비방하는 말, 앞에서는 좋다 하고 돌아서서 아니다 하는 말도 양설에 해당한다.

'악구'는 욕설 등 악한 말이다. 심한 욕설 등으로 상대방을 헐뜯는 말이다.

생각으로 짓는 악업인 '탐애(탐욕)' · '진에(성냄)' · '치암(어리석음)'은 삼독이라 한다. 이로 인해 모든 고통이 생기고, 모든 악업을 짓기 때문에 독이라 한다. 그 가운데 치암이 가장 근본이다. 자신과 세상을 집착하는 어리석음(치암) 때문에 집착한 견해에 맞으면 욕심(탐욕)을 내고 맞지 않으면 화(진에)를 낸다. 탐진치(貪瞋癡) 삼독은 곧 말과 행동으로 드러나 온갖 악업을 짓는다.

십악에 대한 간단한 풀이

몸으로 짓는 3가지 악업

살생 : 산목숨을 죽이는 행위

투도 : 주지 않은 남의 물건을 취하는 행위, 도둑질

사음 : 그릇된 음행

입으로 짓는 4가지 악업

망어 : 헛된 말, 거짓말

기어 : 비단결같이 좋게 꾸민 말, 아첨하는 말

양설 : 이간질하는 말

악구 : 욕설 등 악한 말

생각으로 짓는 악업

탐애 : 탐욕

진에 : 성냄

치암 : 어리석음

십선으로 십악을 다스리다

십선(十善)은 십선계(十善戒) 또는 십선도(十善道)라고 한다. 『잡아함경』 「십선경(1299)」, 『화엄경』 「십지품」, 『지장십륜경』 등에서 설명하는 내용을 정리한다.

① 불살생(不殺生) : 산목숨을 죽이지 않는다. 생명 죽이기를 멀러 떠나고 해칠 마음을 가지지 않는다. →(적극적으로는. 이하 동일) 방생(放生)을 한다.

② 불투도(不偸盜) : 주지 않는 것을 훔치지 않는다. 주는 것만 가지고 즐거워하며 도둑질하려는 마음을 끊어 버린다. → 부지런히 노력한다.

③ 불사음(不邪婬) : 그릇된 음행을 하지 않는다. 그릇된 음행을 멀리 떠나고 부부간의 생활에 행복해한다. → 바른 행동을 한다.

④ 불망어(不妄語) : 거짓말을 하지 않는다. 자기나 남을 위하여, 재물과 또 오락을 위하여 거짓으로 말하지 않는다. → 정직한 말을 한다.

⑤ 불기어(不綺語) : 꾸민 말을 하지 않는다. 참되지 않고 의미 없고 이익되지 않는 말을 멀리 떠나고 항상 적법한 말을 한다. → 진정성 있는 말을 한다.

⑥ 불양설(不兩舌) : 이간질하는 말을 하지 않는다. 이간질하는 말을 멀리하여 남의 친한 벗 떠나게 하지 않고 화합을 생각한다. → 화합하는 말을 한다.

⑦ 불악구(不惡口) : 악한 말을 하지 않는다. 악한 말을 멀리 떠나 부드러운 말을 하여 남의 마음을 상하지 않게 한다. → 사랑스러운 말을 한다.

⑧ 불탐애(不貪愛) : 탐욕을 부리지 않는다. 이익되는 것을 보아도 내 것이라 말하지 않고 탐하는 그 생각을 내지 않는다. → 보시한다.

⑨ 부진에(不瞋恚) : 성내지 않는다. 사랑하는 마음을 가져 해칠 생각이 없어 그 어떤 중생도 해치지 않고 언제나 마음에 원한을 맺지 않는다. → 자비롭게 대한다.

⑩ 불치암(不痴暗) : 어리석음에 빠지지 않는다. 인과법에 대한 바른 믿음을 갖고 바른 견해를 가진다. → 지혜롭게 생각한다.

십선과 적극적인 십선으로
십악을 다스리다

 십선

 적극적인 십선

① 불살생(不殺生) → 방생(放生)을 한다.
② 불투도(不偸盜) → 부지런히 노력한다.
③ 불사음(不邪婬) → 바른 행동을 한다.
④ 불망어(不妄語) → 정직한 말을 한다.
⑤ 불기어(不綺語) → 진정성 있는 말을 한다.
⑥ 불양설(不兩舌) → 화합하는 말을 한다.
⑦ 불악구(不惡口) → 사랑스러운 말을 한다.
⑧ 불탐애(不貪愛) → 보시한다.
⑨ 부진에(不瞋恚) → 자비롭게 대한다.
⑩ 불치암(不痴暗) → 지혜롭게 생각한다.

이참게

백겁적집죄 百劫積集罪 일념돈탕제 一念頓蕩除
여화분고초 如火焚枯草 멸진무유여 滅盡無有餘
죄무자성종심기 罪無自性從心起 심약멸시죄역망 心若滅時罪亦亡
죄망심멸양구공 罪亡心滅兩俱空 시즉명위진참회 是則名爲眞懺悔

『천수경』에 없는 '이참게(理懺偈)'라는 제목을 이해를 돕고자 게송 앞에 붙였다. 앞에서 관세음보살의 자비심과 더불어 참제업장십이존불의 원력과 가피를 의지해 십악을 참회하고 소멸하였다. 이는 사참(事懺)에 해당한다. 이제 이참(理懺)이다. 이참은 본래 일어난 바가 없는 죄의 참모습을 관찰하여 죄에서 벗어나는 참회법이다. 죄업이 아무리 크고 무거울지라도 진실한 참회로 일시에 소멸한다.

먼저 이참을 강조하는 이유를 살펴보자. 가벼운 죄업과 무거운 죄업이 있다. 사참으로는 가벼운 죄는 소멸할 수 있지만, 무거운 죄는 가볍게 할 수 있을 뿐이다. 가령 삼악도(지옥·아귀·축생)에 빠질 업을 인간 세상에서 가볍게 받는다. 그래서 '죄를 참회하면 가벼워지고 짧은 시간에 받는다.'고 한다.

이처럼 사참으로 무거운 업을 가볍게 할 수 있지만, 과보를 끊기는 힘들다. 번뇌를 완전히 끊지 않았기에 악업을 멀리할 힘이 미약하고, 업을 다하지 않았기에 과보를 받는다. 따라서 이치를 관찰하여 번뇌를 끊는 이참을 강조한다. 생을 이끄는 번뇌가 없으면, 업은 생을 이끌지 않는다. 옛 업은 영원히 다하고, 현재 짓는 업은 생을 이끌지 않는다. 번뇌가 끊어져 생사윤회하지 않는다.

그러므로 지혜로운 이는 과거와 현재 삼악도의 무거운 업을 끊기 위해서 이치를 관찰하여 악도를 영원히 면하는 법을 배운다. 그 법을 알면 이참이다.

이참게

백 겁 동안 쌓인 죄업이

한 생각에 없어지니

마른 풀이 불에 타듯

남김없이 사라지네.

죄는 자성이 없어 마음 따라 일어나니

마음이 사라지면 죄도 또한 없어지네.

죄가 없어지고 마음이 사라져 둘 다 공해지면

이것을 이름하여 참다운 참회라고 하네.

- 이참(理懺)은 본래 일어난 바가 없는 죄의 참모습을 관찰하며 죄에서 벗어나는 참회법
- 아무리 크고 무거운 죄업도 진실한 참회로 일시 소멸
- 지혜로운 이는 이치를 관찰하며 악도를 영원히 면하는 법[이참(理懺)]을 배움.

백겁 동안 쌓인 죄업을 소멸하는 방법

백겁적집죄(백 겁 동안 쌓인 죄업이)   **일념돈탕제**(한 생각에 없어지니)
여화분고초(마른 풀이 불에 타듯)   **멸진무유여**(남김없이 사라지네.)

『유가집요구아난다라니염구궤의경』 등에는 참회진언 뒤에 '모든 불자가 이미 참회를 마쳤으니' 하며 '백겁적집죄⋯멸진무유여' 게송이 등장한다. 즉 참회로 인해 "백 겁 동안 쌓인 죄업이 한 찰나에 없어지니, 마치 마른 불이 불에 타듯 남김없이 사라졌다."고 마무리하는 게송이다. 그런데 지금 『천수경』에서는 사참에서 이참으로 이어지는 게송으로 등장한다.

'백 겁'은 오랜 세월을 말한다. 일념(一念)은 '한 생각'이라 풀이하였다. 이때 '한 생각'은 본래 일어난 바가 없는 죄의 참모습을 관찰한 '한 생각으로'라는 뜻으로 볼 수 있다. 또는 '한 생각이 일어나는 동안'이라는 시간으로 볼 수 있다. 혹은 시간으로 국한할 때는 '한 찰나'로 해석한다. 겁이 가장 긴 시간 단위라면 찰나는 가장 짧은 시간 단위다. 손가락 한번 튕기는 시간의 1/40이 1찰나다.

쌓인 죄는 백 겁인데, 없애는 데는 한 생각이라고 한다. 가능한 일인가? 중생은 이번 생뿐만 아니라 세세생생 많은 죄를 지었다. 만약 죄를 지은 시간만큼 참회해야 한다면, 누가 참회하고 해탈 열반을 얻겠는가. 오히려 포기하고 만다. 그렇다면 위 게송의 말씀은 그나마 참회하게끔 중생을 이끌고자 하는 방편일까? 그러한 측면도 있겠지만, 이는 이참의 측면에서 하신 말씀이다. 사참은 거울의 때를 여러 차례 닦아내듯 업장을 점차로 녹이고, 이참은 어두운 방에 불을 켰을 때 순식간에 어둠이 사라지고 밝아지듯이 단박에 업장을 녹인다.

그런데 이 게송은 이런 생각을 하게 한다. '참회로 백 겁의 죄가 한 생각에 사라진다면, 죄는 무엇이고, 참회는 무엇인가?' 다음 이어지는 게송에서 답한다.

백 겁 동안 쌓인 죄업을 소멸하는 방법

백 겁 동안 쌓인 죄업을 소멸하는 방법

– 이치를 관찰하여 번뇌를 끊는 이참으로 가능

– 사참(事懺)은 거울의 때를 여러 차례 닦아내듯 업장을 점차로 녹이고,
이참(理懺)은 어두운 방에 불을 켰을 때 순식간에 어둠이 사라지고
밝아지듯이 단박에 업장을 녹인다.

죄와 참회

죄무자성종심기(죄는 자성이 없어 마음 따라 일어나니)

심약멸시죄역망(마음이 사라지면 죄도 또한 없어지네.)

죄망심멸양구공(죄가 없어지고 마음이 사라져 둘 다 공해지면)

시즉명위진참회(이것을 이름하여 참다운 참회라고 하네.)

이 게송은 이참의 이치를 짧고 명확하게 말한다. 즉 이참의 본질을 말한다.

'자성'은 그것이라고 할 수 있는 어떤 특성, 성품을 말한다. '마음'은 그릇된 마음, 어리석은 마음이다. 망심(妄心)이다. 제법무아(諸法無我)라는 가르침이 있다. 아(我)는 자성이다. 삼라만상 모든 것[제법]은 그 자체 성품이 없다[무아]. 마음 작용 따라 상호 관계 속에서 생겨나고 사라질 뿐이다. 바로 불교 핵심 교리인 연기법이다. 상호 관계 속에서 드러난 모습을 마음이 그렇게 분별할 뿐이다. 마음을 떠나 홀로 존재하는 실체는 없다. 그런데 중생은 그 실체가 있다고 집착한다.

죄 역시 마찬가지다. 죄라고 하는 성품이 있어서 죄가 생겨난 것이 아니다. 어리석은 마음을 따라 일어날 뿐이다. 만약 어리석은 마음이 없다면, 죄 또한 죄라고 할 성품(자성)이 없으니 사라진다. 그런데 중생은 이 도리를 모른다. 그러므로 끊임없이 악업을 짓고 참회하고, 짓고 참회하고 반복한다. 만약 이 도리를 안다면 마음이 없는데, 어디에 죄가 있겠는가. 이처럼 죄와 마음이 모두 사라져 공하다면 이것이 참다운 참회, 진참회다.

진참회는 어느 형식을 통한 참회가 아니다. "연기를 보는 자는 법(진리)를 보고, 법을 보는 자는 부처님을 본다."고 한다. 바로 세상의 참모습을 알 때, 연기법을 깨달을 때, 그것이 진참회다. 부처님을 본다는 말은 깨달았다는 말이다.

쉽지 않은 일이다. 그렇다면, 우리가 지금 진참회의 게송을 외운다는 것은 참회이자 불도를 이루겠다는 발원이라 볼 수 있다.

죄와 참회

 문 : 참회로 백 겁의 죄가 한 생각에 사라진다면, 죄는 무엇이고, 참회는 무엇인가?

 답 : 죄라고 하는 성품이 있어서 죄가 생겨난 것이 아니다. 어리석은 마음을 따라 일어날 뿐이다. 만약 어리석은 마음이 없다면, 죄 또한 죄라고 할 성품[자성(自性)]이 없으니 사라진다. 이처럼 죄와 마음이 모두 사라져 공하다면 이것이 참다운 참회다.

"연기를 보는 자는 법[진리(眞理)]을 보고, 법을 보는 자는 부처님을 본다."
→ 바로 세상의 참모습을 알 때, 연기법을 깨달을 때, 그것이 참다운 참회다.

이참에 대한 『유마경』의 법문

(유마 거사 문병을 권하는 부처님에게 우바리 존자가 말씀드렸다.)

"세존이시여, 저는 문병을 감당할 수 없습니다. 왜냐하면, 옛적에 두 비구가 계율을 어기고 부끄러워하다가 부처님께 여쭙지 못하고 저에게 와서 말했습니다.

'우바리 존자여, 저희는 계율을 범하여 참으로 부끄럽습니다. 부처님께 여쭙지 못하겠습니다. 저희의 의혹과 부끄러움을 풀어 이 허물을 벗어나게 해 주십시오.'

저는 그들에게 법답게 말했습니다. 그때 유마 거사가 와서 저에게 말했습니다.

'우바리 존자여, 두 비구의 죄를 더욱 무겁게 하지 마십시오. 바로 그 죄를 없애주어야 합니다. 그들의 마음을 어지럽게 하지 마십시오. 왜냐하면, 그 죄의 성품은 안에 있지 않고, 밖에 있지 않고, 중간에 있지 않습니다. 부처님 말씀처럼, 마음이 오염되어 중생이 오염되고, 마음이 청정하여 중생이 청정합니다. 마음 또한 안에 있지 않고, 밖에 있지 않고, 중간에 있지 않습니다. 마음이 그런 것처럼 죄의 허물도 그러합니다. 제법 또한 그와 같아서 진여에서 벗어나지 않습니다. 우바리 존자여, 가령 마음으로 해탈을 얻을 때 어찌 허물이 있겠습니까?'

저는 '없습니다.'고 대답했습니다. 다시 유마 거사가 말했습니다.

'일체 중생 마음에 오염이 없는 까닭도 또한 이와 같습니다. 우바리 존자여, 망상이 오염이고 망상이 없는 것이 청정이며, 전도된 것이 오염이고 전도를 떠난 것이 청정이며, 나를 집착하는 것이 오염이고 나를 집착하지 않는 것이 청정입니다. 우바리존자여, 일체법은 생멸하여 머물지 않습니다. 환상과 같고 번개와 같습니다. 제법은 서로 기다리지 않고, 나아가 한 생각도 머물지 않습니다. 제법은 모두 허망하게 본 것인데, 꿈과 같고, 불꽃과 같고, 물에 비친 달과 같고, 거울 속의 그림자와 같아서, 허망한 생각에서 생깁니다. 이것을 아는 것이 계율을 받드는 것이고, 이것을 아는 것이 계율을 잘 이해한 것입니다.'……"

— 『유마힐소설경(유마경)』

이참에 대한 『유마경』의 법문

유마 거사

두 비구의 죄를 더욱 무겁게 하지 마십시오. 바로 그 죄를 없애 주어야 합니다. 그들의 마음을 어지럽게 하지 마십시오. 왜냐하면, 그 죄의 성품은 안에 있지 않고, 밖에 있지 않고, 중간에 있지 않습니다. 부처님 말씀처럼, 마음이 오염되어 중생이 오염되고, 마음이 청정하여 중생이 청정합니다. 마음 또한 안에 있지 않고, 밖에 있지 않고, 중간에 있지 않습니다. 마음이 그런 것처럼 죄의 허물도 그러합니다. 제법 또한 그와 같아서 진여에서 벗어나지 않습니다. 우바리 존자여, 가령 마음으로 해탈을 얻을 때 어찌 허물이 있겠습니까?

이 『유마경』의 법문을 구마라집 삼장과 승조 스님은 다음과 같이 풀이한다.

구마라집 삼장이 말하였다. "계율을 범한 사람 마음은 항상 떨리고 두렵다. 만약 그 죄의 모습을 정해서 절박하게 하면, 마음은 어지럽고 죄는 증가할 수 있다. 만약 실상(實相)을 들으면, 마음은 고요하며 의지할 데 없어 죄는 저절로 사라진다. 그러므로 유마 거사가 '바로 그 죄를 없애 주어야 합니다.'라고 말하였다."

승조 스님이 말하였다. "두 비구가 이미 계율을 범하여 의혹과 부끄러워하는 마음이 깊다. 그런데 그 죄를 거듭 책망하면, 이미 두터운데 죄의 허물이 더 늘어난다. 마땅히 법공(法空)을 바로 말하여 죄가 실재하지 않음을 깨닫게 해야 한다. 죄가 실재하지 않음을 깨달으면, 쌓였던 망정(妄情)이 없어진다. 쌓였던 망정이 없어지면, 죄의 허물은 떨어져 없어진다. 어찌 그 근본을 살피지 않고 죄를 결정하여 그 마음을 어지럽게 하고 죄를 더욱 늘게 하겠는가." ─『주유마힐경(注維摩詰經)』(승조 스님)

잘못을 뉘우쳐 두려워하는 사람에게 죄를 속속히 언급해 마음을 더욱 어지럽히고 죄를 키울 필요가 없다. 모든 법이 공하다는 실상을 바로 말하여 죄가 실체 없음을 깨닫게 한다. 곧 망정이 없어지고, 모든 죄는 저절로 없어진다. 본래 일어난 바가 없는 죄의 참모습을 관찰하여 죄에서 벗어나는 참회, 이참이다.

다음은 경전에 있는 이참에 대한 짧은 법문이다.

"백천만겁 오래 익힌 번뇌의 업이라도 진실로 관찰하면 곧 모두 소멸한다."

─『대보적경(大寶積經)』

"만일 보살이 일체 중생의 성품이 곧 열반의 성품이라고 볼 수 있으면, 마침내 업장의 죄를 없앨 수 있다." ─『제법무행경(諸法無行經)』

『유마경』의 이참 법문에 대한 풀이

잘못을 뉘우쳐 두려워하는 사람에게 죄를 속속히 언급해 마음을 더욱 어지럽히고 죄를 키울 필요가 없다.

만약 실상(實相)을 들으면, 마음은 고요하며 의지할 데 없어 죄는 저절로 사라진다.

구마라집 삼장

마땅히 법공(法空)을 바로 말하며 죄가 실재하지 않음을 깨닫게 해야 한다. 죄가 실재하지 않음을 깨달으면, 쌓였던 망정(妄情)이 없어진다. 쌓였던 망정이 없어지면, 죄의 허물은 떨어져 없어진다.

승조 스님

참회와 죄와 마음에 대한 선사들의 이야기

이참을 설명할 때, 자주 언급하는 선사의 이야기가 있다(이하 『경덕전등록』 참조). 바로 제2조 혜가 스님이 제3조 승찬 스님에게 한 법문이다.

혜가 스님에게 어느 거사가 불쑥 절을 하며 여쭈었다.
"제자는 풍병이 걸렸습니다. 화상께서 죄를 참회하게 하여 주십시오."
"죄를 가지고 오라. 참회시켜 주겠다."
"죄를 찾아도 찾을 수가 없습니다."
"그대의 죄는 다 참회되었다. 앞으로는 불법승에 의지하여 머물러라. ….."
"오늘에야 비로소 죄의 성품이 안에도 밖에도 있지 않음을 알았습니다. ….."
혜가 선사는 곧 그의 머리를 깎아 주고 승찬이라 하였다.

이 법문은 초조 달마 스님이 혜가 스님에게 한 법문을 떠오르게 한다.

(달마 스님은 칼로 팔을 끊어 법을 구하는 신광 스님에게 혜가라는 이름을 주었다.)
혜가 스님이 말하였다.
"부처님들의 법인(法印)을 들려 주십시오."
달마 대사가 말하였다.
"부처님들의 법인은 남에게 얻는 것이 아니다."
"제 마음이 편하지 못합니다. 스님께서 편안하게 해 주십시오."
"마음을 가지고 오너라. 편안하게 해 주리라."
"마음을 찾아도 얻을 수 없습니다."
"내가 이미 네 마음을 편안하게 하였다."

혜가 스님과 거사(승찬 스님)의
죄와 참회 이야기

거사 : 제자는 풍병이 걸렸습니다. 화상께서 죄를 참회케 하여 주십시오.

스님 : 죄를 가지고 오라. 참회시켜 주겠다.

거사 : 죄를 찾아도 찾을 수가 없습니다.

스님 : 그대의 죄는 다 참회되었다. 앞으로는 불법승에 의지하여 머물러라.

거사 : 오늘에야 비로소 죄의 성품이 안에도 밖에도 있지 않음을 알았습니다.

혜가 선사는 곧 거사의 머리를 깎아주고 승찬이라 하였다.

달마 스님과 혜가 스님의 안심법문

마음을 가지고 오너라.

혜가 스님 : 부처님들의 법인(法印)을 들려 주십시오.

달마 스님 : 법인은 남에게 얻는 것이 아니다.

혜가 스님 : 제 마음이 편하지 못합니다. 스님께서 편안케 해 주십시오.

달마 스님 : 마음을 가지고 오너라. 편안케 해 주리라.

혜가 스님 : 마음을 찾아도 얻을 수 없습니다.

달마 스님 : 내가 이미 네 마음을 편안케 하였다.

죄가 소멸되길 기원하는 참회진언

〈참회진언〉 옴 살바 못자모지 사다야 사바하(3편)

『천수경』에서 참회는 〈참회진언(懺悔眞言)〉으로 마무리한다. 앞에서 열두 분의 부처님에게 예경하며 십악을 참회하였고, 죄의 성품이 본래 없다는 가르침을 통해 참회하였다.

그런데 문득 이런 생각이 든다. 가령 참회하는 동안 여법하게 참회하였을까, 정성이 부족하지는 않았을까, 혹 참회하지 못한 악업이 있지 않았을까 등등.

> "(의궤를 마무리하면서) 또 생각한다. 앞에서 지은 일이 모두 이익이 될까, 날아다니고 꿈틀거리는 미세한 생명을 해치지 않았을까, 혹은 의궤에 부족하거나 실수하지 않았을까 두려워한다. 왜냐하면, 범부는 미세한 모든 것을 관찰할 수 없기 때문이다. 만약 이러한 잘못이 있는데, 만약 참회하지 못해 도리어 죄를 초래할까 염려스럽다면, 마땅히 지극하고 한결같은 마음으로 참회진언을 외우라."
>
> – 『일체여래대비밀왕미증유최상미묘대만나라경』

〈참회진언〉은 바로 불보살님의 자비심이다. 부처님께서는 이러한 중생의 걱정을 알고 〈참회진언〉을 알려 주셨다. 물론 이 경전의 〈참회진언〉과 천수경의 〈참회진언〉은 차이가 난다. 여타 경전에도 천수경과 다른 〈참회진언〉이 있다. 그러나 〈참회진언〉에 담긴 불보살님의 가르침과 자비심은 다르지 않다.

〈참회진언〉에는 모든 일을 원만 성취케 해 주시는 불보살님의 자비심이 담겨 있다. 따라서 참회가 원만하게 이루어져 죄가 소멸하길 기원하고, 앞으로 악업을 짓지 않겠다고 불보살님께 다짐하며 참회 마지막에 〈참회진언〉을 외운다.

'옴 살바 못자모지 사다야 사바하.'

참회진언

옴 살바 못자모지 사다야 사바하(3편)

- 모든 일을 원만 성취케 해 주시는
  불보살님의 자비심이 담김.
- 참회가 원만하게 이루어져 죄가
  소멸하길 기원하고, 앞으로 악업을
  짓지 않겠다고 불보살님께 다짐하며
  참회 마지막에 〈참회진언〉을 외움.

준제지송행법의 핵심 진언

〈준제진언〉
나모 사다남 삼먁삼못다 구치남 다냐타 옴 자례 주례 준제 사바하 부림

〈준제진언〉을 미리 언급하였다. 『천수경』은 〈신묘장구대다라니〉 중심의 천수다라니행법과 〈준제진언〉 중심의 준제지송행법으로 크게 구분한다. 두 다라니의 수행법은 성격이 약간 다르지만, 관음신앙의 연관성으로 『천수경』을 구성한다.

준제주는 『불설칠구지불모대심대준제다라니경』, 『불설칠구지불모준제대명다라니경』 등에 근거한다. 『천수경』 준제지송행법은 『불가일용작법』 중 '준제지송편람' 부분을 그대로 인용하였다. 원래 이 행법은 독립된 의식 항목이었다.

그 내용은 〈준제찬〉, 〈나무칠구지불모대준제보살〉, 〈정법계진언〉, 〈호신진언〉, 〈관세음보살본심미묘육자대명왕진언〉, 〈준제진언〉, 〈준제발원〉 등으로 구성된다. 〈정법계진언〉 및 〈호신진언〉을 제외한 전체 내용은 관세음보살 신앙과 관련을 맺고 있다. 앞의 천수다라니행법에서 천수다라니 즉 〈신묘장구대다라니〉가 중심이라면, 지금 준제지송행법에서는 〈준제진언〉이 중심이다.

〈준제찬〉은 준제주의 공덕을 찬탄하는 게송이다.

〈나무칠구지불모대준제보살〉을 외우며, 준제주 지송에 앞서 준제보살에게 예경을 올린다. 그 가피로 〈준제진언〉 지송의 원만성취를 바란다.

〈정법계진언〉, 〈호신진언〉, 〈관세음보살본심미묘육자대명왕진언〉은 준제주를 외우기 전에 외우는 진언이다. 이 진언으로 법계(도량)와 몸과 마음을 깨끗하게 장엄하고, 관세음보살 등 불보살님의 가피로 준제주 지송의 원만 성취를 바란다.

〈준제진언〉은 준제주라고 하며, 준제진언행법의 핵심 진언이다.

〈준제발원〉은 〈준제진언〉을 지송한 뒤, 보리심을 일으키고 나아가 모든 공덕을 성취하고 모든 중생이 깨달음을 이루기를 발원한다.

〈준제진언〉 중심의 준제지송행법

— 『천수경』은 〈신묘장구대다라니〉 중심의 천수다라니행법, 〈준제진언〉 중심의 준제지송행법으로 크게 구분

준제지송행법 내용 구성

〈준제찬〉 : 준제주의 공덕 찬탄 게송

〈나무칠구지불모대준제보살〉 : 준제보살에게 예경

〈정법계진언〉, 〈호신진언〉, 〈관세음보살본심미묘육자대명왕진언〉

 : 준제주 전에 외우는 진언

 : 준제주 지송의 원만성취를 바람

〈준제진언〉 : 준제진언행법의 핵심 진언. '준제주'라 함.

〈준제발원〉 : 모든 중생의 깨달음 발원

〈준제진언〉의 공덕을 찬탄하는 게송

[준제찬]
준제공덕취 准提功德聚　적정심상송 寂靜心常誦
일체제대난 一切諸大難　무능침시인 無能侵是人
천상급인간 天上及人間　수복여불등 受福如佛等
우차여의주 遇此如意珠　정획무등등 定獲無等等

〈준제진언〉의 공덕을 찬탄하는 게송이다. 인도의 용수보살(150~250년 추정)이 지은 게송이라고 한다. 『현밀원통성불심요집』에는 경전에 언급한 준제주의 공덕 등을 인용한 뒤, 용수보살이 준제주를 찬탄한 이 게송을 언급한다.

준제공덕취(준제주는 공덕의 모임이니.)＿ 준제주는 모든 공덕의 큰 무더기다. 준제주는 모든 죄업을 소멸하고, 일체 선법의 공덕을 성취하고, 뜻하는 일을 이룬다. 아무런 선근이 없는 이도 1편만 읽으면 깨달음의 뿌리가 싹 튼다. 1백만 편을 채우면 서방정토에 이르고 모든 부처님을 친견하고 법문을 듣고서 깨달음을 얻는다. 준제주는 모든 불보살님이 똑같이 말씀하셨다. 준제주만 지송하는 의식은 25진언을 지송하는 의식을 다 포함한다. 준제주를 10만 게송으로 말한 범본이 있었다. 그만큼 준제주는 모든 공덕을 다 포함하고 있다. 공덕의 보배 창고 [보고(寶庫)]다.

적정심상송(고요한 마음으로 항상 외우면)＿ 준제주를 고요한 마음으로 항상 외운다. 다른 생각이 끼어들지 않도록 진언에 집중하여 외운다. 특별한 의식 때만 아니라 생활 속에서도 항상 외운다. 마음을 도량으로 여겨 생활 속에서 고요하고 깨끗한 마음으로 항상 외운다. 그러면 알게 모르게 준제주의 공덕이 함께한다. 다음 게송에서 공덕을 언급한다.

준제찬

준제주는 공덕의 모임이라.
고요한 마음으로 항상 외우면,
일체 모든 큰 어려움이
이 사람을 침범하지 못하고,
하늘과 인간이
부처님처럼 동등한 복을 받으며,
이 여의주를 만났으니
반드시 최상의 법을 얻으리라.

– 〈준제진언〉의 공덕을 찬탄하는 게송
– 인도 용수보살(150~250년 추정)이 지은 게송

준제진언의 공덕

일체제대난(일체 모든 큰 어려움이)　무능침시인(이 사람을 침범하지 못하고,)
천상급인간(하늘과 인간이)　　　수복여불등(부처님처럼 동등한 복을 받으며,)
우차여의주(이 여의주를 만났으니)　정획무등등(반드시 최상의 법을 얻으리라.)

이 게송에서 준제주를 항상 외운 공덕을 크게 셋으로 나타낸다. 모든 공덕은 이 셋에 다 포함된다.

첫째, 모든 어려움이 침범하지 못한다.

둘째, 부처님처럼 동등한 복을 받는다.

셋째, 반드시 위 없는 깨달음을 얻는다.

'천상급인간'에서 '천상'은 하늘에 있는 중생을 말한다. 혹 경전에서 언급하는 천(天)은 하늘에 사는 중생을 나타내는 경우가 많다. 하늘 중생도 육도윤회하는 중생이다. 부처님과 같은 복은 자신을 위한 복이자 다른 중생을 위한 복이다. 부처님도 중생을 제도하기 위해서는 복이 필요하다. 그래서 부처님을 지혜와 복덕을 갖추신 분이라고 한다. 준제주를 항상 외우면 그런 복을 받는다.

'여의주(如意珠)'는 바로 준제주(准提呪)다. 지금 이 준제주를 만났으니, 무등등(無等等)을 얻는다. '무등등(無等等)'은 부처님이 깨달으신 최상의 법이다. 다른 어떤 법도 이 법과 같을 수 없으므로 무등(無等)이고, 모든 부처님이 깨달으신 법과 동등하므로 등(等)이다. 그러므로 '정획무등등(반드시 최상의 법을 얻으리라)'은 바로 반드시 아뇩다라삼먁삼보리〔무상정등정각(無上正等正覺)〕을 이룬다는 말, 반드시 깨달음을 얻는다는 말이다.

이로써 〈준제진언〉을 찬탄하는 게송인 〈준제찬〉을 마친다.

〈준제찬〉에서 보이는 〈준제진언〉의 공덕

첫째, 모든 어려움이 침범하지 못한다.
둘째, 부처님처럼 동등한 복을 받는다.
셋째, 반드시 위없는 깨달음을 얻는다.

준제보살에게 귀의하다

나무칠구지불모대준제보살 南無七俱胝佛母大准提菩薩 (3편)

〈준제찬〉을 마치고 지금 〈준제진언〉을 설하신 준제보살에게 귀의한다. 이 항목을 '귀의준제'라고도 한다.

나무칠구지불모대준제보살… 나무칠구지불모대준제보살 (3편)

이렇게 준제보살 3편 부르며 생각하고[칭념(稱念)], 가피를 청하며 예경한다. '칠구지불모대준제보살'은 어느 분인가. 경전에는 '칠구지준제여래', '준제보살' 등의 명호가 등장하지만, 어느 분인지 명확하지 않다. 이에 여러 견해가 있다.

'구지'는 천만 또는 억이라는 숫자 단위다. 칠구지는 어느 특정 부처님을 지칭하는 명호가 아니라 '수많은'이라는 뜻을 가진다. 경전에서 말하는 '칠구지준제여래'는 '수많은 준제여래'로 본다. 마찬가지로 지금 '칠구지불모(七俱胝佛母)'는 '수많은 부처님의 어머니'라는 뜻이다. '준제'에는 청정의 의미가 있다.

'불모'는 부처님을 키워낸 어머니라는 말이다. 그럼 수많은 부처님의 어머니인 준제보살은 어느 분인가. 경전에는 직접 언급하지 않지만, 경전 내용을 토대로 육관음 중 한 분인 준제관음으로 보통 본다. 이때 관세음보살(준제관음)은 모든 부처님의 어머니로서 법신불의 위치가 된다. 법신불은 진여, 진리 그 자체이다. 모든 부처님은 진여로부터 나온다. 여래(如來)는 진여[여]에서 오신[래] 분이다.

또는 준제다라니를 준제보살로 본다. 관세음보살의 자비심이 천수다라니의 자비심인 것과 같다. 준제다라니는 아뇩다라삼먁삼보리를 얻고 성불하게 하는 공덕이 있다. 따라서 준제다라니는 수많은 부처님의 어머니인 준제보살이다.

준제여래[불]가 준제주[법]고 준제보살[승]이다. 각각 불법승 삼보이면서 서로 다르지 않다. 하나다. 그러므로 '나무칠구지불모대준제보살'은 불법승 삼보에 예경을 올리며, 준제진언을 청하여 수지하고 가피를 구하고자 하는 의식이다.

나무칠구지불모대준제보살

〈귀의 준제〉

- 〈준제진언〉을 설하신 준제보살에게 귀의
- 불법승 삼보에 예경을 올리며, 준제진언을 청하여 수지하고 가피를 구하고자 하는 의식

'칠구지불모대준제보살'은 어느 분?

- 경전에는 '칠구지준제여래', '준제보살' 등의 명호가 등장하지만, 어느 분인지 명확하지 않음.
- '칠구지불모(七俱胝佛母)'는 '수많은 부처님의 어머니'라는 뜻
  : '구지'는 천만 또는 억이라는 숫자 단위.
  : '불모'는 부처님을 키워낸 어머니
- 준제보살
  : 육관음 중 한 분인 준제관음으로 보통 봄
    → 이때 준제관음은 모든 부처님의 어머니로서 법신불의 위치
  : 준제다라니를 준제보살로 봄.
- 준제여래[불]가 준제주[법]고 준제보살[승]이다.

사대주

〈정법계진언 淨法界眞言〉 옴 람 (3편)

〈호신진언 護身眞言〉 옴 치림 (3편)

〈관세음보살본심미묘육자대명왕진언 觀世音菩薩 本心微妙 六字大明王眞言〉
옴 마니 반메 훔 (3편)

〈정법계진언〉, 〈호신진언〉, 〈관세음보살본심미묘육자대명왕진언〉은 바로 뒤 〈준제진언〉과 더불어 사대주(四大呪)라 한다. 그런데 『천수경』에서 〈정법계진언〉 등은 〈준제진언〉 염송을 위한 사전 수행의 성격을 갖는다. 즉 다음과 같다.

〈정법계진언〉은 법계를 깨끗하게 하는 진언으로, 도량을 깨끗하게 장엄한다.

〈호신진언〉은 몸을 수호하는 진언이다. 자신뿐만 아니라 주위 모든 이를 수호한다. 그리고 이미 지닌 주(呪)를 원만하게 하고, 원하는 바를 이루게 한다.

〈관세음보살본심미묘육자대명왕진언〉은 관세음보살의 본래 마음이 담긴 미묘한 여섯 글자의 크고 밝은 진언이다. 이 진언을 외우는 곳에는 수많은 불보살님과 천룡팔부의 신들이 함께하며, 모두 해탈을 얻을 수 있다. 그리고 이 진언을 외우고 나면, 칠십칠구지부처님이 모두 이 집회에 오시어 준제주를 설하신다.

따라서 이 진언들을 외워 도량과 몸과 마음을 깨끗하게 장엄하고, 관세음보살 등 불보살님 가피로 〈준제지언〉 지송이 원만하게 성취되기를 바란다.

사대주(四大呪)

〈정법계진언〉, 〈호신진언〉, 〈관세음보살본심미묘육자대명왕진언〉, 〈준제진언〉

〈정법계진언〉, 〈호신진언〉, 〈관세음보살본심미묘육자대명왕진언〉은
〈준제진언〉 염송을 위한 사전 진언이다.
→ 앞의 세 진언을 외워 도량과 몸과 마음을 깨끗하게 장엄하고,
관세음보살 등 불보살님 가피로 〈준제진언〉 지송이 원만하게 성취되기를
바란다.

법계를 깨끗하게 하는 진언

〈정법계진언〉 옴 람

〈정법계진언〉은 글자 그대로 법계를 깨끗하게 하는 진언이다. 즉 도량을 깨끗하게 장엄하게 하는 진언이다.

'법계'는 무엇인가. 이때 법은 사물, 현상, 삼라만상이다. 계는 인(因)이라는 뜻으로서 씨앗, 원인이다. 따라서 법계는 삼라만상(法)의 씨앗, 원인(界)이다. 일체유심조(一切唯心造)의 가르침에 의하면, 마음이 모든 것을 만들기 때문에 삼라만상의 씨앗인 법계는 곧 마음이다. 또는 계는 종족, 종류의 뜻이다. 삼라만상은 각각 여러 종족, 종류로 분류되어 나타나므로 법계는 삼라만상이다. 삼라만상은 마음 안에 펼쳐진다.

법계는 마음이고, 삼라만상이다. 또는 진언염송을 하기 위해 준비한 단(壇)이고, 도량이다. 도량은 또한 진언을 염송하는 내 마음이다. 따라서 〈정법계진언〉은 진언염송을 위해 준비한 단을, 도량을, 내 마음을 맑히는 진언이다.

'람'은 지·수·화·풍·공 5대 가운데 화대를 표현하는 글자가 되기도 한다. 불은 모든 더러움을 태워 청정하게 한다. 〈정법계진언〉 역시 삼라만상을 청정하게 한다는 뜻을 담고 있다. 그건 마음을 청정하게 한다는 의미다. 신구의(身口意) 삼업을 맑게 하고, 모든 죄를 소멸하고, 모든 뛰어난 일을 다 이루고, 머무는 곳마다 청정하게 한다.

> "자신 정수리 위에 범어로 쓴 글씨 '람'자가 있다고 생각한다. 이 글자는 광명이 두루하여 마치 밝은 구슬이나 만월과 같다. 이 글자를 생각하고는 또한 손으로는 금강권인을 짓고 오른손에 염주를 잡고, 입으로는 '정법계진언'을 독송하되 21번을 독송한다. 이 진언은 옴람이다."
> ─『현밀원통성불심요집』

정법계진언

'옴 람'

- 법계를 깨끗하게 하는 진언
- 법계는 마음, 삼라만상, 단(壇), 도량 등을 뜻한다.
  → 〈정법계진언〉은 진언염송을 하기 위해 준비한 단, 도량, 내 마음을 맑히는 진언

- '람'은 지수화풍공 5대 가운데 화대(火大)를 표현하는 글자.
  불은 모든 더러움을 태워 청정케 함.
  → 〈정법계진언〉은 삼라만상, 마음을 청정케 한다는 뜻임.

〈정법계진언〉의 공덕

- 신구의(身口意) 삼업을 맑게 함.
- 모든 죄를 소멸함.
- 모든 뛰어난 일을 다 이룸.
- 머무는 곳마다 청정하게 함.

몸을 수호하는 진언

〈호신진언〉 옴 치림

〈호신진언〉은 모든 악업을 소멸하고, 좋지 않은 일을 좋은 일로 바꾸어 원하는 모든 일을 원만하게 한다. 진언을 외운 사람뿐만 아니라 주위 모든 이를 수호한다.

> "이 주(呪)를 외우면 오역과 십악의 일체 죄업을 소멸하고, 모든 여러 가지 병고와 재난과 악몽과 삿된 마군과 귀신 등의 좋지 않은 일을 없애고 반면에 모든 뛰어난 일을 다 이뤄서 원하는 모든 것을 원만하게 얻게 된다. 이 진언은 부처님 마음이다. 어떤 사람이 마음을 모아 1편만 외우면 자신을 수호하고, 모든 귀신과 마군이 침범하거나 근접하지 못한다. 2편을 외우면 함께하는 사람을 지켜 주고, 3편을 외우면 한 집안 사람을 지켜 주고, 4편을 외우면 한 도시 사람을 지켜 주고, 나아가 7편을 외우면 사천하 사람을 지켜 준다." —『현밀원통성불심요집』

이 진언은 또한 문수호신주(文殊護身呪)라고도 한다. 이는 『문수근본일자다라니경』에 근거한다. 부처님께서 중생을 수호하고자 문수사리동자행륜주법을 설한다. 이 주를 외우면 이미 지닌 모든 진언이 모두 원만하여서 하는 일 모두 성취한다. 그리고 문수보살이 항상 와서 옹호한다. 또한 모든 보살과 현성을 친견한다. 위에 언급한 여러 공덕이 있다. 그 진언이 바로 '옴 치림'이다.

'치림'은 묘길상(妙吉祥)의 종자를 뜻한다. 묘길상이란 신묘하고 좋은 모습이라는 뜻이다. 이는 행복, 번영, 평화 등을 만들어내는 근본종자를 상징한다.

〈호신진언〉은 부처님의 마음이다. 따라서 중생을 지켜주고 모든 일을 원만하게 이루게 한다. 또한 이 진언을 외우면 문수보살이 옹호해 주기 때문에 지혜로써 자신뿐만 아니라 주위 모든 이를 수호한다.

호신진언

'옴 치림'

- 몸을 수호하는 진언
- 이 진언은 부처님 마음
- 문수호신주(文殊護身呪) : 문수보살이 옹호해 줌.

〈호신진언〉의 공덕

- 이 진언을 외우면: 오역과 십악의 일체 죄업 소멸. 병고와 재난과 악몽과 마군과 귀신 등의 좋지 않은 일을 없앰. 원하는 모든 것을 원만하게 얻음.
- 1편만 외우면: 자신을 수호함.
- 2편을 외우면: 함께하는 사람을 지켜 줌.
- 3편을 외우면: 한 집안의 사람을 지켜 줌.
- 4편을 외우면: 한 도시의 사람을 지켜 줌.
- 7편을 외우면: 사천하의 사람을 지켜 줌.

참고) 〈오역죄〉
- 소승의 오역죄: 어머니를 해치는 행위, 아버지를 해치는 행위, 아라한을 해치는
행위, 부처님 몸에서 피를 내게 하는 행위, 화합승가를 파괴하는 행위
- 대승의 오역죄: ① 사찰을 파괴하고 경전과 불상을 불태우고 삼보의 물건을 빼앗는 행위
② 성문, 연각, 대승의 법을 비방하는 행위 ③ 출가자 수행하는 것을 방해하고 죽이는 행위
④ 소승 오역죄 가운데 하나를 범하는 행위 ⑤ 모든 업보는 없다고 생각하며 불선업을 행하여 다음
세상을 두려워하지 않고 또는 그런 내용을 다른 사람에게 가르쳐 주는 행위
- 삼승(성문승, 연각승, 보살승)의 공통된 오역죄: 소승의 오역죄에서 어머니와 아버지를 해치는 행위를
하나로 하고, 부처님 가르침을 비방하는 행위를 더함.

관세음보살의 본심미묘한 여섯 글자의 매우 크고 밝은 진언

〈관세음보살본심미묘육자대명왕진언〉 옴 마니 반메 훔

〈관세음보살본심미묘육자대명왕진언〉을 풀이하면 이렇다. 관세음보살의 본래 마음은 미묘하며, 그것은 곧 여섯 글자로 된 매우 크고 밝은 진언이다. 왕은 강조하는 말이다. 이 진언은 보통 〈육자대명왕진언〉이라고 한다.

'옴 마니 반메 훔'은 그 진언 이름은 몰라도 '옴 마니 파드메 훔'이라고 읽을 정도로 널리 알려졌다. 마니는 여의주, 반메(파드메)는 연꽃이다. '연꽃의 여의주', '연화수보살의 여의주'다. 그러나 그 속에 담긴 뜻과 공덕은 헤아릴 수 없다.

이 진언을 외우는 곳에는 무량한 불보살님과 천룡팔부가 집회에 참석하고, 또한 무량한 삼매의 법문을 갖춘다. 이 진언을 지송하는 사람은 7대 종족 모두 해탈을 얻는다. 뱃속의 벌레는 모두 보살의 지위를 얻는다. 이 사람은 나날이 육바라밀의 원만한 공덕을 갖추고, 다함 없는 변재와 청정한 지혜를 얻는다. 입에서 나온 기운이 다른 사람에게 닿으면, 그 사람은 성냄을 떠나 보살의 지위를 얻는다. 가령 사천하의 사람은 7지 보살의 지위를 얻는다. 그 모든 보살의 공덕은 육자주 1편 외우는 것과 같다. 이 주는 관음보살의 미묘한 본심이다. 육자대명주를 쓰는 사람은 8만4천 경전을 쓰는 공덕과 같다. 금으로 티끌 같은 수의 불상을 조성하더라도 이 여섯 글자 가운데 한 글자를 쓴 공덕과 같지 않다. 육자대명주를 얻는 사람은 탐진치에 물들지 않는다. 이 진언을 몸에 지니면 탐진치 병에 물들지 않고, 이 사람의 몸에 손이 닿거나 눈으로 본 모든 유정은 보살의 지위를 얻고, 생로병사의 고통을 영원히 받지 않는다. (이상 『현밀원통성불심요집』 참조)

〈육자대명왕진언〉의 공덕은 매우 크다. 모든 부처님의 공덕이 같지만 중생의 근기에 따라 부처님의 공덕에 차이가 나는 것처럼 진언 또한 그렇다. 진언 자체는 우열이 없지만 어느 진언이 주로 될 때 다른 진언을 부로 사용할 수 있다.

관세음보살본심미묘육자대명왕진언

'옴 마니 반메 훔'
- 관세음보살의 본래 마음은 미묘하며, 여섯 글자로 된 매우 크고 밝은 진언
- 〈육자대명왕진언〉으로 부름

〈육자대명왕진언〉 공덕
- 이 진언을 외우는 곳: 무량한 불보살님과 천룡팔부가 집회에 참석,
무량한 삼매의 법문을 갖춤
- 이 진언을 지송하는 사람:
　7대 종족 모두 해탈을 얻음
　뱃속의 벌레까지 모두 보살의 지위를 얻음.
　나날이 6바라밀의 원만한 공덕을 갖춤.
　다함없는 변재와 청정한 지혜를 얻음.
　입에서 나온 기운 닿는 다른 사람은 성냄을 떠나 보살의 지위를 얻음.
- 이 진언을 쓰는 사람 : 8만4천 경전을 쓰는 공덕과 같음. 금으로 티끌
같은 수의 불상을 조성한 공덕보다 큼.
- 이 진언을 얻는 사람은 탐진치에 물들지 않음.
- 이 진언을 몸에 지니면 탐진치 병에 물들지 않음. 이 사람의 몸에 닿거나
본 모든 유정은 보살의 지위를 얻고, 생로병사의 고통을 영원히 받지 않음.

천수경 후반부의 핵심 진언

〈준제진언〉
나무 사다남 삼먁삼못다 구치남 다냐타
옴 자례 주례 준제 사바하 부림 (3편)

〈준제진언(准提眞言)〉은 『천수경』 후반부의 핵심 진언이다. 앞서 〈정법계진언〉〈호신진언〉〈관세음보살육자대명왕진언〉 등을 외움으로써 도량과 몸과 마음을 깨끗하게 장엄하고, 관세음보살 등 불보살님의 가피로 준제주 지송이 원만하게 성취되기를 기원하였다. 이제 핵심 진언인 〈준제진언〉을 외운다.

현재 『천수경』〈준제진언〉을 독송할 때 '나무 사다남 삼먁삼못다 구치남 다냐타'는 1편만 외우며, '옴 자례 주례 준제 사바하 부림'은 3편 외우거나 수행자에 따라 21편, 108편 등 끊임없이 반복해서 외운다.

경전에는 '준제진언', '칠구지불모대준제다라니진언', '준제대명다라니' 등으로 이름한다. 진언 구절도 다르다. 『현밀원통성불심요집』에는 '나무 사다남 삼먁삼못다 구치남 다냐타 옴 자례 주례 준제 사바하 부림'으로, 『삼문직지』에는 '옴 자례 주례 준제 사바하'로, 『불설칠구지불모준제대명다라니경』에는 '나무 사다남 삼먁삼못다 구치남 다냐타 옴 자례 주례 준제 사바하'로 되어 있다.

즉 『삼문직지』에는 '나무 사다남 삼먁삼못다 구치남 다냐타'와 '부림'이 없고, 『불설칠구지불모준제대명다라니경』에는 '부림'이 없다. 이에 여러 견해가 있다.

우선 '나무 사다남 삼먁삼못다 구치남 다냐타'는 진언의 도입 구절이고, '옴 자례 주례 준제 사바하 부림'은 본 진언으로 구분한다.

나무 사다남 삼먁삼못다 구치남 다냐타 - 도입 진언
옴 자례 주례 준제 사바하 부림 - 본 진언

준제진언

- 『천수경』후반부의 핵심 진언
- '준제진언', '칠구지불모대준제다라니진언', '준제대명다라니' 등으로 이름
- 경전마다 다른 〈준제진언〉

  『현밀원통성불심요집』
  '나무 사다남 삼먁삼못다 구치남 다냐타 옴 자례 주례 준제 사바하 부림'

  『삼문직지』
  '옴 자례 주례 준제 사바하'

  『불설칠구지불모준제대명다라니경』
  '나무 사다남 삼먁삼못다 구치남 다냐타 옴 자례 주례 준제 사바하'

〈준제진언〉을 두 구절로 구분하는 경우

나무 사다남 삼먁삼못다 구치남 다냐타 ― 도입 진언
옴 자례 주례 준제 사바하 부림   ― 본 진언

부림에 대한 견해

다음 '부림'에 대한 견해는 큰 차이를 보인다.

첫째, 부림을 대륜일자주(大輪一字呪), 문수대륜일자주, 불정대륜일자명왕주, 말법중일자심주(末法中一字心呪)라고 한다. 그런데 〈준제진언〉이 준제보살에 대한 귀의의 뜻을 전하고 있는데, 같은 진언구 안에 문수보살에 대한 귀의의 내용이 동시에 등장하고 있는 것은 다소 맞지 않는다고 본다. 한편 부림은 '풍부한, 많은', '반복해서'라는 의미가 있다. 따라서 부림은 진언구가 아니라 '여러 번 반복해서 외우라.'고 설명하는 구절로 본다.

둘째, '부림' 즉 말법 가운데 일자심주〔말법중일자심주〕는 모든 부처님의 머리〔불정(佛頂)〕이고, 문수보살의 마음이다. 여의주가 모든 소원을 원만하게 성취하게 하는 것처럼, 이 진언을 외우면 뜻하는 대로 묘한 결과를 준다. 만일 다른 진언을 지송하는데 성취되지 않을까 두렵다면, 이 진언을 함께 외우면 성취된다. 이 진언은 일체 진언을 도와서 속히 성취함을 얻게 한다. 이러한 공덕 등이 있으므로 〈준제진언〉 염송 끝에 함께 외운다고 본다. 이때 문수대륜일자주 '부림'은 〈준제진언〉 지송의 원만 성취를 위해 새로운 힘을 더하는 진언이 된다.

한편 〈준제진언〉은 진언 염송도 하지만 '옴 자례 주례 준제 사바하' 9자('사바'는 1자로 봄)를 관하는 수행이기도 하다.

이때 〈준제진언〉은 다음과 같이 세 부분으로 구분할 수 있다.

나무 사다남 삼먁삼못다 구치남 다냐타 – 도입 진언

옴 자례 주례 준제 사바하 – 본 진언

부림 – 문수대륜일자주

'부림'에 대한 견해

부림 : 대륜일자주(大輪一字呪), 문수대륜일자주, 불정대륜일자명왕주, 말법중일자심주(末法中一字心呪)

같은 진언구 안에 '준제보살 퀴의' 뜻을 전하는 〈준제진언〉과 '문수보살 퀴의' 뜻을 전하는 '부림' 진언이 동시 함께하는 것은 맞지 않음.
부림은 '풍부한, 많은', '반복해서'라는 의미가 있음.
따라서 부림은 진언구가 아니라 '여러 번 반복해서 외우라.'는 설명 구절이다.
'부림'은 일체 진언을 도와서 속히 성취함을 얻게 하는 진언.
이때 문수대륜일자주 '부림'은 〈준제진언〉 지송의 원만 성취를 위해 새로운 힘을 더하는 진언이다.

〈준제진언〉을 세 구절로 구분하는 경우

나무 사다남 삼먁삼못다 구치남 다냐타	– 도입 진언
옴 자례 주례 준제 사바하	– 본 진언
부림	– 문수대륜일자주

〈준제진언〉의 공덕 1

이 다라니를 90만 편을 외우면, 한량없는 겁 동안 지은 죄가 모두 다 사라지고, 태어나는 곳마다 항상 부처님과 보살님을 뵙는다. 필요한 물건이 뜻대로 충족되고, 한량없는 생애 동안 언제나 출가한다. 재가 보살의 경우, 계행을 닦아 지니고 견고하여 물러나지 않고, 빠르게 위없는 보리를 성취한다. 언제나 천상에 태어나고, 언제나 온갖 하늘의 사랑과 존경을 받고 또한 언제나 수호받는다. 만약 인간세계에 태어나면, 반드시 제왕의 자식 혹은 귀족 가문에 태어나고, 그 집안은 재난과 병고에 피해를 받지 않는다. 삼악도에는 떨어지지 않는다. 하는 일마다 모두 조화를 이루고, 가르침을 말하면 모두 믿고 받는다.

이 다라니를 10만 편 외우면 성문, 연각, 보살과 부처님을 뵙는다. 만약 무거운 죄가 있어 뵙지 못하면, 다시 10만 편 외우면 곧 여러 묘한 경계를 보게 된다. 가령, 입에서 검은 음식을 토해내고, … 혹은 천녀가 묘하게 말하는 것을 보고, 혹은 큰 모임에서 묘법의 말씀을 듣고, … 혹은 사자좌에 오르는 것을 보고, … 혹은 향기로운 흰 꽃이 있는 것을 보는 등등. 만약 위와 같은 모습을 보면, 곧 죄가 사라짐을 안다. 혹은 오역죄의 중한 업으로 위와 같은 모습을 보지 못하면, 다시 70만 편 외우면 반드시 앞과 같은 모습을 보게 된다.

또한 이 준제대명다라니는 모든 부처님과 보살이 말씀하셨으며, 일체 중생과 끝없는 보리 도량을 이익되게 한다. 조금의 선근도 없는 박복한 중생, 근기(根器)가 없는 자, 깨달음의 인연이 없는 자, 이와 같은 사람도 만약 이 준제대명다라니를 듣거나 혹은 한 번이라도 독송하면, 곧 깨달음의 인연과 근기의 싹이 틀 것이다. 하물며 언제나 게으름 없이 지송하는 자이겠는가. 이 선근으로 속히 부처님 될 종자를 이루고 무량한 공덕을 모두 다 성취한다. 무량한 중생이 번뇌의 더러움을 모두 멀리 여의고, 반드시 위없는 보리를 성취한다.

*『불설칠구지불모준제대명다라니경』 공덕 부분 정리

「불설칠구지불모준제대명다라니경」
에서 언급하는 〈준제진언〉의 공덕

90만 편을 외우면,
- 한량없는 겁 동안 지은 죄가 모두 다 사라진다.
- 태어나는 곳마다 항상 부처님과 보살님을 뵙는다.
- 필요한 물건이 뜻대로 충족된다.
- 한량없는 생애 동안 언제나 출가한다.
- 재가 보살은 계행을 닦으며 물러나지 않고, 위없는 보리를 빨리 성취한다.
- 언제나 천상에 태어나고, 온갖 하늘의 사랑과 존경과 수호를 받는다.
  만약 인간세계에 태어나면, 제왕의 자식 혹은 귀족 가문에 태어난다.
  삼악도에는 떨어지지 않는다.
- 하는 일마다 모두 조화를 이루고, 가르침을 말하면 모두 믿고 받는다.

10만 편 외우면
- 성문, 연각, 보살과 부처님을 뵙는다.
- 만약 무거운 죄가 있어 뵙지 못하면, 다시 10만 편 외우면 곧 여러 묘한 경계를 보게 된다.
  만약 위와 같은 모습을 보면, 곧 죄가 사라짐을 안다.
- 혹은 오역죄의 중한 업으로 위와 같은 모습을 보지 못하면, 다시 70만 편 외우면 반드시 앞과 같은 모습을 보게 된다.

무량한 중생이 번뇌의 더러움을 모두 멀리 여의고, 반드시 위없는 보리를 성취한다.

〈준제진언〉의 공덕 2

이 진언은 십악과 오역 등 일체 죄업을 소멸하고, 모든 선법의 공덕을 이룬다. 재가자든 출가자든 술 마시고 고기 먹고 처자가 있든 묻지 않고, 깨끗하고 더러운 것을 가리지 않고, 이 진언을 지니는 자가 오로지 지극한 마음으로 지송하면 단명할 중생의 수명도 한없이 늘고, 치료하기 힘든 병까지 모두 없앤다.

만약 49일 동안 외우면 준제보살은 두 보살에게 그 사람이 선악의 마음으로 생각한 것에 따라 하나하나 과보를 받도록 하게 한다. 만약 복이 없어 관직을 구하지 못하고 빈곤한 자가 항상 이 진언을 외우면 현세에 전륜성왕의 복을 얻게 하여 관직을 반드시 얻는다.

지혜를 구하면 대지혜를 얻고, 남녀(자녀)를 얻고자 하면 곧 남녀(자녀)를 얻는다. 구하고자 하는 일을 모두 얻는다. 여의주처럼 마음먹은 대로 얻는다. 이 진언을 외우는 자는 국왕·대신·사부대중이 모두 사랑하고 존경하는 마음을 내고, 그를 보면 곧 기뻐한다. 이 진언을 외우는 자는 물에 빠지지 않고 불에 타지 않고, 독약·원수·군대·강도·악한 용과 짐승·귀신 등이 해칠 수 없다.

만약 범왕·제석·사천왕·염라 천자를 청하고자 단지 이 진언을 외우면 청에 따라 반드시 온다. 일을 부탁하면 마음먹은 대로 머뭇거림 없이 해결한다.

이 진언은 세간에서 큰 힘이 있어 수미산을 옮기고 큰 바다의 물을 말린다. 마른 숲에 주문을 외우면 꽃이 피고 열매가 열린다. 법대로 지송하면, 이 몸 그대로 신족통을 얻어 도솔천에 간다. 만약 장생과 신선의 약을 구하고자 단지 법에 의지하여 진언을 외우면 곧 관세음보살 또는 금강수보살이 신선의 묘약을 준다. 그것을 먹으면 곧 선도(仙道)를 이루고 수명을 연장하며, 보살의 지위에 오른다. 만약 법에 의지하여 1백만 편 외우면 곧 시방의 정토에 이르러 여러 부처님을 두루 모시고 묘한 법을 두루 듣고서 깨달음을 얻는다.

*『준제정업』 공덕 부분 정리

『준제정업』에서 언급하는
〈준제진언〉 지송의 공덕

— 십악과 오역 등 일체 죄업을 소멸하고, 모든 선법의 공덕을 이룬다.

— 단명할 중생의 수명도 한없이 늘고, 치료하기 힘든 병까지 모두 없앤다.

— 49일 동안 외우면, 준제보살은 두 보살에게 그 사람이 생각한 것에 따라 하나하나 과보를 받도록 하게 한다.

— 복이 없어 관직을 구하기 힘든 이도 현세에 관직을 반드시 얻는다.

— 구하고자 하는 일을 마음먹는 대로 모두 얻는다.

— 모두 사랑하고 존경하는 마음을 내고, 그를 보면 곧 기뻐한다.

— 물에 빠지지 않고, 불에 타지 않고, 독약, 원수, 군대, 강도, 악한 용과 짐승, 귀신 등이 해칠 수 없다.

— 천신을 청하면 천신이 오고, 천신에게 일을 부탁하면 마음먹은 대로 머뭇거림 없이 해결한다.

— 수미산을 옮기고 큰 바다의 물을 말린다. 마른 숲에 주문을 외우면 꽃이 피고 열매가 열린다.

— 법대로 지송하면, 이 몸 그대로 신족통을 얻어 도솔천에 간다.

— 관세음보살 또는 금강수보살이 신선의 묘약을 주고, 그 약을 먹으면 곧 선도(仙道)를 이루고 수명을 연장하며, 보살의 지위에 오른다.

— 1백만 편 외우면, 곧 시방의 정토에 이르러 여러 부처님을 두루 모시고 묘한 법을 두루 듣고서 깨달음을 얻는다.

'옴 자례 주례 준제 사바하' 9자를 생각하여 살피는 법

〈준제진언〉은 진언 염송도 하지만 '옴 자례 주례 준제 사바하' 9자('사바'는 1자)를 관하는 수행도 된다. 생각으로 9자를 몸 각 부위에 올려 놓으며 살핀다.

　'옴'자를 머리 위에 두며, 그 색이 달처럼 희다고 생각한다. 무량한 광명을 놓아 모든 장애를 없애고 곧 불보살님과 같이 이 사람의 정수리를 쓰다듬는다.

　'자'자를 양 눈에 두며, 그 색이 해와 달과 같다고 생각한다. 모든 어리석음을 비추고자 아주 밝은 지혜를 낸다.

　'례'자를 목 위에 두며, 그 색은 보라 유리와 같다고 생각한다. 능히 모든 색상을 드러내고 점차로 여래의 지혜를 갖춘다.

　'주'자를 심장에 두며, 그 색은 달빛처럼 하얗다고 생각한다. 마치 마음이 청정함과 같아서 보리도를 속히 통달한다.

　'례'자를 양어깨에 두며, 그 색은 금색처럼 노랗다고 생각한다. 이 색상을 관함으로 정진의 갑옷을 입는다.

　'준'자를 배꼽에 두며, 그 색은 묘한 황백색이라고 생각한다. 속히 도량에 오른다. 보리에서 물러서지 않기 때문이다.

　'제'자를 양 넓적다리에 두며, 그 색은 엷은 황색과 같다고 생각한다. 속히 보리도에 올라 금강좌에 앉는다.

　'사바'자를 양 정강이에 두며, 그 색은 적황색이라고 생각한다. 이 글자를 항상 생각하면 법륜을 속히 굴리게 된다.

　'하'자를 양발에 두며, 그 색은 마치 보름달과 같다고 생각한다. 수행자가 이렇게 생각하면 원적(열반)에 속히 이른다.

　이때 준제의 뛰어난 법문을 성취한다. 모든 죄를 멸하고 길상을 얻는다. 그리고 속히 묘한 결과를 얻는다.

　*『불설칠구지불모준제대명다라니경』 정리

'옴 자례 주례 준제 사바하' 9자를 생각하여 살피는 법

옴 : 머리 위에 두며, 그 색이 달처럼 희다고 생각.

무량한 광명을 놓아 모든 장애를 없애고 곧 불보살님과 같이

이 사람의 정수리를 쓰다듬는다.

자 : 양 눈에 두며, 그 색이 해와 달과 같다고 생각한다.

　　모든 어리석음을 비추고자 아주 밝은 지혜를 낸다.

례 : 목 위에 두며, 그 색은 보라 유리와 같다고 생각한다.

　　능히 모든 색상을 드러내고 점차로 여래의 지혜를 갖춘다.

주 : 심장에 두며, 그 색은 달빛처럼 하얗다고 생각한다.

　　마치 마음이 청정함과 같아서 보리도를 속히 통달한다.

례 : 양어깨에 두며, 그 색은 금색처럼 노랗다고 생각한다.

　　이 색상을 관함으로 정진의 갑옷을 입는다.

준 : 배꼽에 두며, 그 색은 묘한 황백색이라고 생각한다.

　　속히 도량에 오른다. 보리에서 물러서지 않기 때문이다.

제 : 양 넓적다리에 두며, 그 색은 엷은 황색과 같다고 생각한다.

　　속히 보리도에 올라 금강좌에 앉는다.

사바: 양 정강이에 두며, 그 색은 적황색이라고 생각한다.

　　이 글자를 항상 생각하면 법륜을 속히 굴리게 된다.

하 : 양발에 두며, 그 색은 마치 보름달과 같다고 생각한다.

　　수행자가 이렇게 생각하면 원적(열반)에 속히 이른다.

→ 이때 준제의 뛰어난 법문을 성취한다.

　　모든 죄를 멸하고 길상을 얻는다.

　　그리고 속히 묘한 결과를 얻는다.

'옴 자례 주례 준제 사바하' 9자 각각의 의미

경전 등에서는 '옴 자례 주례 준제 사바하' 9자를 각각 생각하는 것뿐만 아니라 각 글자의 의미를 설명한다. 경전마다 의미를 약간 다르게 언급하지만, 거의 비슷하다. 『불설칠구지불모준제대명다라니경』의 설명을 정리하면 이렇다.

'옴'자는 일어나지도 멸하지도 않는다〔불생불멸(不生不滅)〕는 뜻이고, 또 일체 법에서 최고 뛰어나다〔최승(最勝)〕는 뜻이다. '자'자는 행함이 없다〔무행(無行)〕는 뜻이다. '례'자는 모습이 없다〔무상(無相)〕는 뜻이다. '주'자는 일어나 머무는 것이 없다〔무기주(無起住)〕는 뜻이다. '례'자는 좋아할 것이 없다〔무호(無好)〕는 뜻이다. '준'자는 견줄 것 없는 깨달음〔무등각(無等覺)〕이라는 뜻이다. '제'자는 취하고 버릴 것이 없다〔무취사(無取捨)〕는 뜻이다. '사바'자는 평등하여 말할 것도 없다〔평등무언설(平等無言說)〕는 뜻이다. '하'자는 원인 없는 적정〔무인적정(無因寂靜)〕이고 머묾 없는 열반〔무주열반(無住涅槃)〕이라는 뜻이다.

여기서 우리는 각 글자의 깊은 뜻을 이해하기에 앞서 이런 생각을 할 수 있다.

'옴 자례 주례 준제 사바하'를 글자 그대로 풀이하면, 그에 맞는 간단한 문장으로 풀이할 수 있다. 그런데 그 풀이한 문장에서 앞에서 언급한 9가지 글자를 생각할 때의 의미, 지금 위에서 언급한 각 글자의 의미가 드러날 수 있겠는가.

이러한 점에서 옛 스승들이 다라니를 해석하지 않았던 이유를 조금은 짐작할 수 있다.

모든 불보살님의 자비심과 옛 스승들의 가르침을 믿고 지극한 마음으로 '옴 자례 주례 준제 사바하'를 외울 일이다.

'옴 자례 주례 준제 사바하' 9자 각각의 의미

옴 : 일어나지도 멸하지도 않는다[불생불멸(不生不滅)]

　　　일체법에서 최고 뛰어나다[최승(最勝)]

자 : 행함이 없다[무행(無行)]

례 : 모습이 없다[무상(無相)]

주 : 일어나 머무는 것이 없다[무기주(無起住)]

례 : 좋아할 것이 없다[무호(無好)]

준 : 견줄 것 없는 깨달음[무등각(無等覺)]

제 : 취하고 버릴 것이 없다[무취사(無取捨)]

사바 : 평등하여 말할 것도 없다[평등무언설(平等無言說)]

하 : 원인 없는 적정[무인적정(無因寂靜)], 머뭄 없는 열반[무주열반(無住涅槃)]

준제발원

아금지송대준제 我今持誦大准提 즉발보리광대원 卽發菩提廣大願
원아정혜속원명 願我定慧速圓明 원아공덕개성취 願我功德皆成就
원아승복변장엄 願我勝福遍莊嚴 원공중생성불도 願共衆生成佛道

앞서 〈준제진언〉을 외우고, 지금 진언 지송에 따른 발원 게송이 이어진다. 이 게송은 『불가일용작법』(1869년 편찬)을 제외한 이전의 다른 문헌에서는 찾아볼 수 없다. 이 게송을 『우리말 천수경』(조계종 표준)에는 '준제발원(准提發願)'이라 명시한다. 다른 『천수경』에는 '준제발원' 제목 없이 바로 게송으로 이어진다.

〈준제진언〉은 한량없는 부처님을 키워낸 불모(佛母)이신 준제보살의 다라니다. 준제보살이 준제다라니다. 준제다라니는 모든 중생이 아뇩다라삼먁삼보리를 얻고 성불하게 하는 공덕이 있다. 즉 깨달음의 진언이다. 따라서 〈준제진언〉은 한량없는 부처님을 키워낸 불모인 준제보살에게 귀의하고, 깨달음의 마음에서 물러서지 않겠다는 서원이 담긴 진언이다.

이러한 서원은 〈준제발원〉에서 그대로 드러난다. 〈준제발원〉 게송은 크게 두 부분으로 구분할 수 있다.

앞 2구는 준제다라니 지송의 가피에 따른 궁극의 서원이다. 지금 준제다라니를 지송하였으니, 곧 깨달음을 이루겠다는 광대한 발원을 한다.

뒤 4구는 궁극의 깨달음을 위한 수행 원만, 공덕 성취, 복덕 장엄, 그리고 회향 발원이다. 즉 선정과 지혜가 속히 원만하게 밝아지고, 모든 공덕이 다 성취되고, 뛰어난 복덕이 두루 장엄하고, 모든 중생이 함께 성불하기를 발원한다. 뒤 4구의 발원성취를 통해 앞 2구의 깨닫고자 하는 광대한 발원을 완성한다.

준제발원

〈준제발원〉: 〈준제진언〉 지송에 따른 발원

- 앞 2구

  준제다라니 지송의 가피에 따른 궁극의 서원

  지금 준제다라니를 지송하였으니, 곧 깨달음을 이루겠다는 광대한 발원

- 뒤 4구

  궁극의 깨달음을 위한 수행 원만, 공덕 성취, 복덕 장엄, 그리고 회향 발원

- 뒤 4구의 발원 성취를 통해 앞 2구의 깨닫고자 하는 광대한 발원을 완성

아금지송대준제(제가 지금 준제진언을 지녀 외웠으니)

즉발보리광대원(곧 깨닫고자 하는 넓고 큰 원을 세웁니다.)

〈준제진언〉은 깨달음의 진언이다. 그러므로 지금 준제진언을 지송하였으니, 곧 깨닫고자 발원하는 것은 당연하다. 발보리심이다. 보리심은 깨닫고자 하는 마음, 보살도를 행하며 살고자 하는 마음이다. 발보리심으로 수행정진하여 궁극에 깨달음을 얻는다. 이후 게송은 이 광대한 원을 완성하는 구체적인 원이다.

원아정혜속원명(저는 선정과 지혜가 빨리 원만해지길 원합니다.)__ 정혜는 선정과 지혜다. 선정은 지(止, 사마타), 지혜는 관(觀, 위파사나)이다. 지관은 산란한 망념을 그치고〔지〕 고요하고 맑은 지혜로써 만법을 비추어 보는〔관〕 수행이다. 정혜쌍수(定慧雙修), 지관겸수(止觀兼修)라 하듯이, 수행이 원만하여 반야(지혜)가 밝아지기를 원한다.

원아공덕개성취(저는 공덕이 모두 성취되기를 원합니다.)__ 공덕은 좋은 일을 할 수 있는 능력이다. 준제다라니 지송 공덕은 헤아릴 수 없다. 발보리심은 보살행으로 이어진다. 선정과 지혜의 수행이 원만하였으니, 이로 인해 자신과 중생을 위한 공덕이 모두 성취되길 원한다.

원아승복변장엄(저는 뛰어난 복이 두루 펴져 장엄하기를 원합니다.)__ 나와 남을 위한 복이다. 다른 이와 불법(佛法)을 함께하는 복이다. 이런 복이 없다면 자신만의 공덕으로 끝난다. 그러한 복이 세상에 두루 퍼지기를 원한다.

원공중생성불도(저는 중생과 함께 불도를 얻기를 원합니다.)__ 불도는 깨달음이다. 자신만이 아니라 모든 중생과 함께 깨닫기를 원한다. 대승보살도의 핵심인 자타일시성불도(自他一時成佛道)다. 자신과 다른 이가 동시에 깨닫는다면, 다른 이도 깨달을 조건이 되어야 한다. 그렇다면 정혜원명, 공덕성취, 승복장엄 등의 발원은 자신에게만 그런 일이 이루어지기를 바라는 발원이 아니라 자신과 모두에게 이루어지기를 바라는 발원이다. 대승보살행은 처음부터 자타일시성불도를 향한다.

아금지송대준제(제가 지금 준제진언을 지녀 외웠으니)

즉발보리광대원(곧 깨닫고자 하는 넓고 큰 원을 세웁니다.)

― 지금 준제진언을 지송하였으니, 곧 깨닫고자 하는 광대한 발원을 한다.

★다음 게송은 이 광대한 원을 완성하는 구체적인 원이다.

원아정혜속원명(저는 선정과 지혜가 빨리 원만해지길 원합니다.)

― 선정과 지혜 수행이 원만하여 반야(지혜)가 밝아지기를 원한다.

원아공덕개성취(저는 공덕이 모두 성취되기를 원합니다.)

― 선정과 지혜의 수행이 원만하며, 모든 나와 중생을 위한 공덕이 모두

성취되길 원한다.

원아승복변장엄(저는 뛰어난 복이 두루 퍼져 장엄하기를 원합니다.)

― 불법을 함께하는 복이 세상에 두루 퍼지기를 원한다.

원공중생성불도(저는 중생과 함께 불도를 얻기를 원합니다.)

― 나와 모든 중생이 함께 깨달음을 얻기를 원한다.

― 대승보살도의 핵심인 자타일시성불도(自他一時成佛道)다.

발원 및 귀의, 그것은 바로 회향

〈신묘장구대다라니〉와 〈준제진언〉을 중심으로 한 『천수경』은 이제 발원(〈여래십대발원문〉, 〈사홍서원〉)과 귀의(〈삼귀의〉)로써 일단 끝을 맺는다.

『천수경』 독송의 공덕과 가피를 바라며, 이제 발원(총원(總願))을 하고 귀의(총귀의(總歸依))를 한다. 앞서 '십원과 육향', '준제발원' 등이 별원(別願)이고, 지금 〈여래십대발원문〉, 특히 〈사홍서원〉은 총원이다. 앞서 '나무관세음보살마하살 … 나무본사아미타불', '참제업장십이존불' 등이 별귀의(別歸依)고, 지금 '나무상주시방불 나무상주시방법 나무상주시방승'은 총귀의다.

이 총원과 총귀의는 회향 의미도 있다. 『천수경』 마지막 부분으로서 독송 공덕을 모두에게 돌리는 회향 발원이고, 불법승 삼보에 대한 귀의이기 때문이다.

오랜 세월 아무리 선근을 닦았더라도 자신만의 공덕으로 여기고 중생과 보리에 회향하지 않는다면, 그것은 부처님의 일이 아니라 잘못된 견해를 짓게 되는 마업(魔業)이다. 회향을 통해 보살의 모든 행위는 원만하게 된다.

회향(廻向)은 회전취향(回轉趣向)으로서 '~을 돌려서 ~에 향함(나아감)'이라는 뜻이다. 모든 회향은 세 곳으로 향한다[회향삼처(廻向三處)]. 자기가 닦은 모든 선근(선법)을 돌려서 중생에게, 보리에, 평등하고 여실한 법의 성품에 나아간다. 각각 중생회향, 보리회향, 실제회향(實際廻向)이다. 세 곳의 회향이 서로 다른 것은 아니다. 선근을 돌려 중생에게 향하는 것은, 함께 보리를 얻고 평등하고 여실한 법의 성품을 구하기 위한 것이다. 보리에 향하는 것은, 혼자만의 깨달음이 아니라 중생과 함께 평등하고 여실한 법의 성품을 구하기 위한 것이다. 참된 경계(實際)에 향하는 것은, 혼자만의 고요를 구하는 것이 아니라 모든 중생과 함께 깨달음을 얻고 불국토로 나아가기 위한 것이다.

회향은 끝을 의미하지 않는다. 지난 모든 공덕을 모두에게 돌려 함께 원만하게 완성하고자 새로운 시작을 하는 다짐이다. 끝이 아니라 새로운 시작이다.

「천수경」의 회향: 발원 및 귀의

〈여래십대발원문〉, 〈사홍서원〉 : 발원(총원)
〈삼귀의〉 : 귀의(총귀의)

서원의 구분

- 총원(總願) : 불자로서 누구나 일으키는 공통된 서원. 〈사홍서원〉
- 별원(別願) : 각자 특별한 목적을 위해 일으킨 서원. 예) 법장보살 48원, 보현보살 10대행원, 약사여래 12원 등

귀의의 구분

- 총귀의(總歸依) : 〈삼귀의〉, 삼보에 대한 귀의는 모든 대중이 함께 의지처로 삼고 있기에 총귀의라 한다.
- 별귀의(別歸依) : 관세음보살 및 아미타부처님에게 각각 귀의한 경우에는 별귀의라 한다.

〈여래십대발원문〉, 〈사홍서원〉, 〈삼귀의〉는 회향의 의미가 있다.
← 『천수경』 마지막 부분으로서, 독송 공덕을 모두에게 돌리는 회향 발원이고, 불법승 삼보에 대한 귀의이기 때문이다.

부처님의 열 가지 발원

〈여래십대발원문 如來十大發願文〉

원아영리삼악도 願我永離三惡道　원아속단탐진치 願我速斷貪瞋痴

원아상문불법승 願我常聞佛法僧　원아근수계정혜 願我勤修戒定慧

원아항수제불학 願我恒隨諸佛學　원아불퇴보리심 願我不退菩提心

원아결정생안양 願我決定生安養　원아속견아미타 願我速見阿彌陀

원아분신변진찰 願我分身遍塵刹　원아광도제중생 願我廣度諸衆生

〈여래십대발원문〉은 모든 부처님의 열 가지 서원이다. 이는 부처님 가르침을 배우고 실천하는 불자의 발원도 된다. 여기서는 『천수경』 마무리 부분에 있는 발원으로서 『천수경』 독송의 공덕을 모두에게 돌리고자 하는 회향 발원이다.

이 발원문은 『낙방문류(樂邦文類)』(송나라 종효 스님 편찬)에 인용된 '왕생정토십원문(往生淨土十願文)'이라는 택영 스님(1045~1099)의 게송이다. 정토에 왕생하고자 하는 발원이다. 그리고 『불가일용작법』에는 '미타찬(彌陀讚)'의 항목 가운데 있다. 따라서 이 발원문은 아미타신앙과 관련된 게송이다. 그렇다면 왜 관음신앙과 관련된 『천수경』을 미타신앙 발원문으로 마무리하는가?

『천수경』은 경전과 의식집을 참고하여 편찬한 경전으로 여러 신앙과 사상이 함께 한다. 그러나 『천수경』에서 그 여러 신앙과 사상은 관음신앙이라는 하나의 흐름 속에 있다. 관세음보살은 서방극락정토 아미타부처님의 좌보처다. 관세음보살은 현세 중생을 자비로써 구제하는 동시에 극락정토로 이끄는 분이다. 관음신앙은 곧 미타신앙으로 이어진다. 따라서 〈여래십대발원문〉은 모든 부처님의 발원이고, 관세음보살의 발원이고, 『천수경』을 독송하는 우리의 발원이다.

여래십대발원문
(부처님의 열 가지 발원)

저는 삼악도를 영원히 떠나기를 원합니다.

저는 탐진치 삼독을 빨리 끊기를 원합니다.

저는 불법승 삼보를 항상 듣기를 원합니다.

저는 계정혜 삼학을 힘써 닦기를 원합니다.

저는 모든 부처님을 따라서 항상 배우기를 원합니다.

저는 보리심으로부터 물러나지 않기를 원합니다.

저는 안양(극락)에 반드시 태어나기를 원합니다.

저는 아미타부처님을 빨리 뵙기를 원합니다.

저는 몸을 나투어 모든 국토에 두루하기를 원합니다.

저는 모든 중생을 널리 제도하기를 원합니다.

- 모든 부처님의 10가지 서원
- 부처님 가르침을 배우고 실천하는 불자의 발원
- 「천수경」 독송의 공덕을 모두에게 돌리고자
하는 회향 발원

여래십대발원문

〈여래십대발원문〉은 10가지 서원이다. 순서대로 각 2가지 서원이 짝을 이루면서 수행 과정이나 시간 흐름에 따른 점층적인 구조를 가진다.

원아영리삼악도(저는 삼악도를 영원히 떠나기를 원합니다.) – 제1원

원아속단탐진치(저는 탐진치 삼독을 빨리 끊기를 원합니다.) – 제2원

삼악도는 육도 중 지옥, 아귀, 축생이다. 삼악도를 영원히 떠나기 위해서는 탐진치 삼독을 끊어야 한다. 탐욕〔貪〕, 성냄〔嗔〕, 어리석음〔痴〕으로 모든 악업은 시작된다. 모든 고통을 일으키므로 독(毒)이라 한다. 그중 어리석음이 가장 문제다. 무명(無明)이라 한다. 이로 인해 육도 윤회를 한다. 탐진치 삼독을 끊게 되면 육도 윤회를 벗어난다. 따라서 삼악도만이 아니라 궁극에 육도 윤회를 벗어나고자 하는 원이다. 육도 중 삼악도의 고통이 매우 심하므로 강조하였을 뿐이다.

원아상문불법승(저는 불법승 삼보를 항상 듣기를 원합니다.) – 제3원

원아근수계정혜(저는 계정혜 삼학을 힘써 닦기를 원합니다.) – 제4원

우선 '상문불법승(常聞佛法僧)'을 다양하게 해석한다. '불법승(삼보)을 항상 듣기를', '불법승 삼보 이름을 항상 듣기를', '불법승을 항상 친근히 하기를' 등이다. 그런데 이러한 해석은 다음 뜻을 의미한다. 뒤 '근수계정혜(勤修戒定慧)'와 연결하여, '불법승 삼보의 가르침을 항상 듣고' 그 가르침에 의해 계정혜 삼학을 닦는다는 뜻이다. 모든 수행은 계정혜 삼학(三學)에 들어간다. 계율을 지키는 계학, 선정을 닦는 정학, 지혜를 닦아 얻는 혜학이다.

원아항수제불학(저는 모든 부처님을 따라서 항상 배우기를 원합니다.) – 제5원

원아불퇴보리심(저는 보리심으로부터 물러나지 않기를 원합니다.) – 제6원

'모든 부처님을 따라서'는 '부처님의 가르침을 따라서', '부처님처럼' 등의 의미가 함께한다. 모든 부처님을 따라 항상 배워서 깨닫고자 하는 마음(보리심)으로부터 물러나지 않는다. 깨달음, 극락왕생을 위해서는 보리심이 있어야 한다.

여래십대발원문_1

순서대로 각 2가지 서원이 짝을 이룸.
수행 과정이나 시간 흐름에 따른 점층적인 구조

제1원 - 원아영리삼악도(저는 삼악도를 영원히 떠나기를 원합니다.)
제2원 - 원아속단탐진치(저는 탐진치 삼독을 빨리 끊기를 원합니다.)
삼악도를 떠나고자 탐진치 삼독을 끊기를 원하고자 하는 발원

제3원 - 원아상문불법승(저는 불법승 삼보를 항상 듣기를 원합니다.)
제4원 - 원아근수계정혜(저는 계정혜 삼학을 힘써 닦기를 원합니다.)
불법승 삼보의 가르침을 항상 듣고, 그 가르침에 의해 계정혜 삼학을
닦고자 하는 발원

제5원 - 원아항수제불학(저는 모든 부처님을 따라서 항상 배우기를
원합니다.)
제6원 - 원아불퇴보리심(저는 보리심으로부터 물러나지 않기를 원합니다.)
모든 부처님을 따라 항상 배워서 깨닫고자 하는 마음(보리심)으로부터
물러나지 않고자 하는 발원

원아결정생안양(저는 안양(극락)에 반드시 태어나기를 원합니다.) - 제7원

원아속견아미타(저는 아미타부처님을 빨리 뵙기를 원합니다.) - 제8원

'안양'은 아미타부처님이 계신 서방정토를 말한다. 서방정토는 근심과 고통이 없고 즐거움만 가득하므로 극락(極樂)이라 한다. 극락 중생은 모든 부처님 나라에 가서 불보살님을 공양하고 기쁜 마음으로 돌아오므로 안양(安養)이라 한다. 혹은 극락 중생은 마음이 편안하고[安] 몸이 건강하기[養] 때문에 안양이라 한다.

『낙방문류』의 '왕생정토십원문'에는 '원아속견아미타 원아결정생안양' 순이다. 지금 『천수경』 순서로 된 이유는 명확하지 않다. 안양에 태어나야 아미타부처님을 뵐 수 있다는 생각에 따른 것으로 추측한다. 그런데 정토경전에는 상품의 선근을 닦은 이는 목숨이 다할 때, 아미타부처님이 그에게 직접 와서 극락으로 안내한다. 물론 하품의 선근을 닦은 이는 극락에 태어나서 아미타부처님을 친견한다. 따라서 '원아속견아미타 원아결정생안양' 순서도 경전에 근거한 발원이다.

원아분신변진찰(저는 몸을 나누어 모든 국토에 두루하기를 원합니다.) - 제9원

원아광도제중생(저는 모든 중생을 널리 제도하기를 원합니다.) - 제10원

극락세계에 왕생한 이들은 모두 일생보처(一生補處)에 이른다. 일생보처란 다음 생에 부처님이 되는 지위다. 가령 도솔천에 있는 미륵보살이 한 번 더 이 세상에 태어나 이곳에서 성불하는 경우와 같다. 극락에 왕생한 이는 아미타부처님과 여러 보살의 도움으로 수행하여 마침내 일생보처에 오른다. 그리고 다음 생에는 원하는 나라에 태어나 그곳에서 성불한다. 그러나 중생 제도를 위해 스스로 발원하여 예토에 태어나고자 하는 이는 일생보처에 머물지 않는다.

일생보처로서 다음 생에 부처님이 되든, 예토에 다시 태어나 중생을 제도하든, 나의 이 몸을 나누어 모든 국토에 두루하여 중생을 제도하고자 하는 발원이다.

여래십대발원문 2

제7원 - 원아결정생안양(저는 안양(극락)에 반드시 태어나기를 원합니다.)
제8원 - 원아속견아미타(저는 아미타부처님을 빨리 뵙기를 원합니다.)
안양(극락)에 태어나 아미타부처님을 친견하고자 하는 발원

제9원 - 원아분신변진찰(저는 몸을 나투어 모든 국토에 두루하기를
원합니다.)
제10원 - 원아광도제중생(저는 모든 중생을 널리 제도하기를 원합니다.)
극락에서 수행하여 다음생에 부처님이 되거나 혹은 보살이 되고서는
몸을 나누어 모든 국토에 두루하며 중생을 제도하고자 하는 발원

사홍서원

〈발사홍서원 發四弘誓願〉

중생무변서원도 衆生無邊誓願度　　**번뇌무진서원단** 煩惱無盡誓願斷

법문무량서원학 法門無量誓願學　　**불도무상서원성** 佛道無上誓願成

자성중생서원도 自性衆生誓願度　　**자성번뇌서원단** 自性煩惱誓願斷

자성법문서원학 自性法門誓願學　　**자성불도서원성** 自性佛道誓願成

〈사홍서원〉은 총원이다. 서원에는 총원과 별원이 있다. 총원은 불자로서 누구나 일으키는 공통된 서원이다. 별원은 각자 특별한 목적을 위해 일으킨 서원이다. 가령 법장보살 48원, 보현보살 10대행원, 약사여래 12원 등이다.

보살의 큰 결심을 '큰 서원의 갑옷을 입는다.'고 한다. 큰 서원이 바로 〈사홍서원〉이다. 전쟁터에 나갈 때 갑옷을 입으면 든든한 것처럼 사바세계에서 보살도를 행할 때 사홍서원의 갑옷을 입으면 더욱 강한 신심으로 정진할 수 있다.

법회가 끝날 때 회향 의식으로 〈사홍서원〉을 외운다. 〈사홍서원〉은 모든 공덕을 회향하고자 하는 발원이다. 『천수경』에서 〈사홍서원〉 역시 회향 발원이다. 지금 『천수경』 독송의 공덕을 보살행으로 회향하고자 한다.

사홍서원

- 〈사홍서원〉은 불자로서 누구나 일으키는 공통된 서원인 총원(總願)
- 큰 서원의 갑옷을 입다. : 갑옷을 입고 전쟁터에 나가면 든든한 것처럼, 〈사홍서원〉의 갑옷을 입으면 더욱 강한 신심으로 정진할 수 있음.
- 〈사홍서원〉은 모든 공덕을 회향하고자 하는 발원

중생무변서원도(중생은 끝이 없지만 제도하기를 서원합니다.)

번뇌무진서원단(번뇌는 다함이 없지만 끊기를 서원합니다.)

법문무량서원학(법문은 한량 없지만 배우기를 서원합니다.)

불도무상서원성(부처님의 도는 위없이 높지만 이루기를 서원합니다.)

법회 마지막 순서로 외우는 〈사홍서원〉 게송이다. "중생을 다 건지오리다. 번뇌를 다 끊으오리다. 법문을 다 배우오리다. 불도를 다 이루오리다." 찬불가를 부른다. 또는 "중생무변서원도 번뇌무진서원단 법문무량서원학 불도무상서원성" 게송을 외운다.

'중생을 다 건지오리다.'라는 서원이 첫째다. 보살의 삶을 그대로 나타내는 서원이다. 중생 제도를 위한 공덕 쌓는 수행이 먼저라고 말할 수 있겠지만, 쌓은 공덕을 결국 중생 제도에 회향하겠다는 강한 의지다. 그렇지만 보살행을 방해하는 번뇌는 끊임없이 일어난다. 따라서 '번뇌를 다 끊으오리다.'라고 서원한다.

'법문을 다 배우오리다.'는 단순히 학문 배움이 아니다. 부처님 가르침을 반드시 실천 수행하겠다는 맹세다. 법문은 부처님 세계[법]로 들어가는 문[문]이다. 그 문(門)은 헤아릴 수 없이 많다. 모든 법문을 다 배우겠다는 맹세로 실천 수행하면 어느덧 부처님 세계에 들어선다. 모든 문은 부처님 세계로 통한다.

불교에서 도(道)는 수행 또는 수행 방법을 의미할 때도 있고, 궁극의 부처님 경지를 의미할 때도 있다. 지금 '불도를 다 이루오리다.'에서 도는 부처님의 경지다. 게송에서 '무상(無上)'[위없이 높다]이라 하였으니, '더 높은 것이 없다.'는 뜻으로 부처님 경지를 말한다. 더 높은 경지가 없는 부처님 경지[아뇩다라삼먁삼보리(무상정등정각無上正等正覺)]를 이루겠다는 서원이다.

사홍서원은 엄청나게 넓고 큰 서원이다. 그렇다고 퇴굴심을 가질 필요는 없다. 『천수경』을 독송한 공덕으로 관세음보살을 비롯한 불보살님 가피가 함께하기에 사홍서원의 갑옷을 거뜬하게 입을 수 있다. 이미 불퇴전의 자리에 서 있다.

사홍서원 2

〈사홍서원〉 찬불가

중생을 다 건지오리다.
번뇌를 다 끊으오리다.
법문을 다 배우오리다.
불도를 다 이루오리다.

〈사홍서원〉 게송

중생무변서원도
번뇌무진서원단
법문무량서원학
불도무상서원성

사홍서원

〈사홍서원〉은 엄청나게 넓고 큰 서원이다. 『천수경』을 독송한 공덕으로 관세음보살을 비롯한 불보살님 가피가 함께하기에 〈사홍서원〉의 갑옷을 거뜬하게 입을 수 있다.

자성사홍서원

자성중생서원도(자성의 중생을 제도하기를 서원합니다.)

자성번뇌서원단(자성의 번뇌를 끊기를 서원합니다.)

자성법문서원학(자성의 법문을 배우기를 서원합니다.)

자성불도서원성(자성의 불도를 이루기를 서원합니다.)

앞 〈사홍서원〉에서 중생, 번뇌, 법문, 불도 앞에 '자성'을 넣었다. 여기서 자성(自性)은 우리 자신의 마음, 자신의 성품을 말한다. 그 자성은 결국 마음에 자리한 궁극의 불성(佛性)을 말한다. 불교 수행은 자신 속에 이미 갖추어진 자성을 자각함으로써 최상의 깨달음을 얻고자 하는 데 목적이 있다.

이 사홍서원에 대한 혜능 대사 법문이 『육조단경』에 있다. 정리하면 이렇다.

자심중생무변서원도自心衆生無邊誓願度__ 마음 가운데 중생은 삿되게 미혹한 마음, 헛되이 속이는 마음, 착하지 않은 마음, 질투심, 악독한 마음 등이다. 이러한 마음이 모두 다 중생이다. 자기 마음 가운데 사견, 번뇌, 어리석음의 중생은 정견(正見)으로 제도하고, 반야의 지혜로써 미망의 중생을 타파하여 스스로 제도한다. 삿된 것이 오면 정(正)으로 제도하고, 미혹이 오면 깨달음으로 제도하고, 어리석음이 오면 지혜로 제도하고, 악이 오면 선으로 제도한다. 이것이 진정한 제도다.

자심번뇌무진서원단自心煩惱無盡誓願斷__ 반야의 지혜로 자신의 마음에 허망한 생각을 제거한다.

자성법문무량서원학自性法門無量誓願學__ 스스로 성품을 보고 항상 정법(正法)을 행한다.

자성무상불도서원성自性無上佛道誓願成__ 이미 항상 하심(下心)하여 참되고 바른 법을 행하고, 항상 반야를 일으켜 불성(佛性)을 본다.

따라서 〈사홍서원〉은 마음속 번뇌라는 중생을 제도하고, 반야로 허망한 생각을 끊고, 항상 정법을 행하며, 참된 성품인 불성을 보고자 하는 발원이다.

자성사홍서원

자성중생서원도(자성의 중생을 제도하기를 서원합니다.)
자성번뇌서원단(자성의 번뇌를 끊기를 서원합니다.)
자성법문서원학(자성의 법문을 배우기를 서원합니다.)
자성불도서원성(자성의 불도를 이루기를 서원합니다.)
→ 자성(自性)은 우리 자신의 마음, 자신의 성품, 궁극의 불성(佛性)

혜능 대사의 사홍서원 법문

자심중생무변서원도 : 마음 가운데 중생은 번뇌를 말함.
　　　　　　　　　　　마음속 번뇌 중생을 정견(正見)과 반야로써 제도.
자심번뇌무진서원단 : 반야의 지혜로 자신의 마음에 허망한 생각을 제거.
자성법문무량서원학 : 스스로 성품을 보고 항상 정법(正法)을 행함.
자성무상불도서원성 : 하심(下心)하여 바른 법을 행하고,
　　　　　　　　　　　반야를 일으켜 불성(佛性)을 봄.

〈사홍서원〉은 마음속 번뇌라는 중생을 제도하고, 반야로 허망한 생각을 끊고, 항상 정법을 행하며, 참된 성품인 불성을 보고자 하는 발원.

삼귀의

〈발원이 귀명례삼보 發願已 歸命禮三寶〉
나무상주시방불 南無常住十方佛
나무상주시방법 南無常住十方法
나무상주시방승 南無常住十方僧

발원을 마치고 이제 불법승 삼보에 목숨을 다하여 의지하고자 예를 올린다[귀명례]. 이는 〈삼귀의〉로서 총귀의다. 앞서 관세음보살 및 아미타부처님에게 각각 귀의한 경우에는 별귀의라 한다. 삼보에 대한 귀의는 모든 대중이 함께 의지처로 삼고 있기에 총귀의라 한다.

불교 의식에서 〈삼귀의〉를 할 때, '거룩한 부처님께 귀의합니다. 거룩한 가르침에 귀의합니다. 거룩한 스님들께 귀의합니다.' 찬불가를 부르거나, '귀의불 양족존, 귀의법 이욕존, 귀의승 중중존' 게송을 외운다.

양족존(兩足尊) : 부처님은 두 가지를 갖추신 분이다. 부처님은 지혜와 자비, 혹은 지혜와 복덕, 혹은 지혜와 방편을 갖추신 분이다. 지혜를 바탕으로 자비와 방편으로써 중생에게 다가갈 복덕을 갖추신 분이다.

이욕존(離欲尊) : 부처님 가르침은 모든 탐욕을 떠난 위대한 가르침이다.

중중존(衆中尊) : 승가는 모든 대중 가운데 가장 존경스러운 대중이다.

이러한 공덕을 갖춘 삼보는 아니 계신 곳이 없기에 찬탄하며 귀의한다.

나무상주시방불(시방 세계에 항상 계시는 부처님께 귀의합니다.)
나무상주시방법(시방 세계에 항상 계시는 가르침에 귀의합니다.)
나무상주시방승(시방 세계에 항상 계시는 승가에 귀의합니다.)

삼귀의

삼보에 대한 귀의는 모든 대중이 함께 의지처로 삼고 있기에 총귀의라 함.

〈삼귀의〉 찬불가
거룩한 부처님께 귀의합니다.
거룩한 가르침에 귀의합니다.
거룩한 스님들께 귀의합니다.

부처님

경전

스님

〈삼귀의〉 게송
귀의불 양족존
귀의법 이욕존
귀의승 중중존

양족존(兩足尊) : 부처님은 두 가지를 갖추신 분. 지혜와 자비, 혹은 지혜와 복덕, 혹은 지혜와 방편
이욕존(離欲尊) : 부처님 가르침은 모든 탐욕을 떠난 위대한 가르침.
중중존(衆中尊) : 승가는 모든 대중 가운데 가장 존경스러운 대중

〈삼귀의〉로 마무리하며 다시 시작하다

〈삼귀의〉는 불자가 되는 첫걸음이다. 부처님 당시에 삼귀의계를 받는 순간, 바로 재가 신도인 우바새, 우바이가 되었다. 오늘날 재가불자의 수계의식에서도 삼귀의계와 오계를 받는다. 그리고 불교의식에서 가장 먼저 〈삼귀의〉를 진행한다.

그런데 『천수경』에는 〈삼귀의〉로 마무리를 짓는다. 그럼 〈삼귀의〉로 마무리 짓는 의미를 살펴보자.

첫째, 회향과 감사의 의미다. 『천수경』 독송의 공덕과 가피를 삼보에게 고마움을 나타내며 시방세계에 회향하고자 한다. 삼보를 통해 행복과 안락을 느끼게 되니 얼마나 고마운 일인가. '상주시방(常住十方)(항상 계시는 시방의 ~)'이라 하였으니, 주위를 돌아보면 불법승 삼보 아님이 없다. 모두에게 고마울 따름이다. 그러므로 이 모든 공덕을 시방세계에 회향하고자 시방삼보에 귀의한다.

둘째, 회향은 끝이 아니라 시작임을 강조한다. 〈삼귀의〉는 불자의 첫걸음이다. 지금 회향으로 마무리하지만, 첫 마음으로 돌아가서 다시 시작하고자 삼보에 귀의한다. 그리고 삼보에 대한 믿음을 되새기며 정진한다. '부처님에게 한량없는 공덕이 있다고 믿는다. 가르침에 큰 이익이 있음을 믿는다. 승가는 바르게 수행하여 자신도 이롭고 남도 이롭게 한다[자리이타]고 믿는다.'(『대승기신론』)

셋째, 하심은 불교 공부의 시작이자 끝임을 강조한다. 어느 대상에게 목숨을 다하여 의지하고자 예를 올리기[귀명례] 위해서는 자신을 낮춰야 한다. 아상(我相), 내가 누구라는 생각이 일어나는 순간 불법은 천지간으로 벌어진다. 〈삼귀의〉로써 자신을 낮추는 하심을 계속 유지하고자 한다.

혜능 대사는 "자성삼보에 귀의하라. 불은 각(覺)이요, 법은 정(正)이요, 승은 정(淨)이다."라고 하였다. 항상 깨어 있는 마음으로[불], 바른 마음으로[법], 깨끗한 마음으로[승]으로 신행생활을 한다면, 참다운 회향이요, 자성삼보에 귀의함이다.

『천수경』에는 〈삼귀의〉로 마무리를 짓는 의미

첫째, 회향과 감사의 의미
『천수경』독송의 공덕과 가피를 삼보에게 고마움을 나타내며 시방세계에 회향

둘째, 회향은 끝이 아니라 시작임을 강조
〈삼귀의〉는 불자의 첫걸음
첫 마음으로 돌아가서 다시 시작하고자 삼보에 귀의

셋째, 하심은 불교 공부의 시작이자 끝임을 강조
〈삼귀의〉로써 자신을 낮추는 하심을 계속 유지

혜능 대사 왈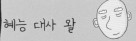
'자성삼보에 귀의하라. 불은 각(覺)이요, 법은 정(正)이요, 승은 정(淨)이다.'
⇒ 항상 깨어있는 마음으로[불], 바른 마음으로[법], 깨끗한 마음으로[승]으로
신행생활을 한다면, 참다운 회향이요, 자성삼보에 귀의함이다.

도표로 읽는 천수경 입문

초판 1쇄 인쇄 2021년 12월 21일
초판 2쇄 발행 2024년 3월 10일

지은이   목경찬
그린이   배종훈

펴낸이   윤재승
펴낸곳   민족사
주간   사기순
디자인   남미영
기획홍보   윤효진
영업관리   김세정

출판등록   1980년 5월 9일 제1-149호
주소   서울 종로구 삼봉로 81 두산위브파빌리온 1131호
전화   02-732-2403, 2404
팩스   02-739-7565
웹페이지   www.minjoksa.org, www.facebook.com/minjoksa
이메일   minjoksabook@naver.com

ⓒ 목경찬 • 배종훈 2021

ISBN 979-11-89269-60-9 03220